Hizmet von A–Z

Das kleine Abc
der Hizmet-Bewegung

main donau VERLAG | STIFTUNG DIALOG UND BILDUNG

Autoren:
Ahmet Daşkın
Talha Güzel

Design & Satz:
Caner U.

Erschienen im Main-Donau Verlag

ISBN: 978-3-946871-60-6

Inhalt

Vorwort

Liebe Leserinnen, liebe Leser,

Worte sind mehr als einfach nur Sprache. Worte schaffen Wirklichkeit. Worte schaffen Heimat. Worte verbinden. Das gilt besonders für eine Initiative wie die Hizmet-Bewegung, in der sich Menschen weltweit – in unterschiedlichsten Sprachen, aber doch im selben Geist – für ein friedliches Miteinander einsetzen. Schon in unserem Namen Hizmet – wörtlich übersetzt „Dienst, Engagement" – steckt ein vielsagender Auftrag: Es geht um den Dienst an der Gesellschaft, um gesellschaftliches Engagement.

Jede Sprache ist reich, bunt, vielfältig — und voller Botschaften: Das hier vorliegende Hizmet-Abc soll dazu beitragen, gängige Begrifflichkeiten aus unserer vielfältigen Hizmet-Welt zu verstehen. Es ist eine besondere Sprache mit Worten, die wir oft dem alltäglichen türkischen Sprachgebrauch (die Wurzeln liegen auch im Persischen oder Arabischen) entlehnt haben und die im Laufe der Zeit mit Hizmet-spezifischer Bedeutung erweitert wurden.

Indem wir die Ausdrücke und ihre Bedeutung schriftlich definieren, wollen wir sie erläutern, aber auch festigen. Denn wie jede Sprache ist auch unser spezifischer Hizmet-Jargon durch viele Faktoren einem ständigen Wandel unterworfen. Und durch unsere weltweite Verbreitung laufen wir Gefahr, in unterschiedlichen Kontexten unterschiedlich zu sprechen und mehr noch unterschiedlich verstanden zu werden. Gerade im Zeitalter des Internets ist es wichtig, die eigene Terminologie zu präzisieren, damit einzelne Begriffe nicht kontextlos von Suchmaschinen gefunden und in fachfremdem Kontext missdeutet werden.

Verständnis füreinander braucht Verständigung miteinander. Es geht darum, sich wechselseitig besser zu verstehen. Das ist unser Kernthema. Den Dialog unter Menschen verschiedener Religionen, Ethnien, Traditionen, Kulturen und Weltanschauungen zu fördern, ist unser stärkstes Anliegen. Ein Dialog ohne Sprache ist undenkbar. Die Sprache von uns Engagierten vermittelt gleichzeitig die Werte unserer Bewegung. Deswegen ist das vorliegende Hizmet-Abc so bedeutungsvoll.

Ganz gleich, wohin die Reise des Lebens uns individuell führt, das gemeinsame Hizmet-Abc vereint uns mit unseren türkischen Wurzeln und schlägt Brücken in die über 140 Länder, in denen sich unsere Bewegung heute dafür einsetzt, die Lebensbedingungen vor Ort zu verbessern und hilfsbedürftige Menschen zu unterstützen. Unsere gemeinsame Sprache spiegelt unser Verständnis eines zeitgemäßen Islams wider und ermöglicht den interkulturellen und interreligiösen Dialog.

Für die ausgezeichnete redaktionelle Zusammenstellung gilt mein innigster Dank Ahmet Daşkın und Talha Güzel, ohne deren Arbeit wir heute das Hizmet-Abc nicht in den Händen halten würden. Ganz besonders danke ich auch den KünstlerInnen, deren Bilder und Karikaturen dieses Buch so wunderbar bereichern. Sie alle wurden als Hizmet-Engagierte in der Türkei verfolgt und aus ihrer Heimat vertrieben. In Deutschland haben sie eine neue Heimat gefunden, wo sie ihr Engagement für Demokratie und Menschenrechte frei und offen leben können. Auch ihre Bildsprache dient dem gesellschaftlichen Frieden.

Ich wünsche Ihnen Freude beim Lesen und Inspiration zum offenen Dialog.

Ihr Ercan Karakoyun
Vorsitzender Stiftung Dialog und Bildung

Nachdem der erste Probedruck des Hizmet-Abcs im Oktober 2022 fertiggstellt wurde, ergab sich für das Stiftungsteam die Gelegenheit, Fethullah Gülen **→Hocaefendi** in Pennsylvania in den USA zu besuchen und ihm ein Exemplar zu übergeben. Mit großem Interesse blätterte er durch das Buch, kommentierte einige Begriffe und lobte schließlich die – in seinen eigenen Worten – "umfangreiche Arbeit" über die Gefühlswelt der Menschen in Hizmet.

Das gesamte Team freut sich, ihm mit diesem Buch eine Freude bereitet zu haben, und hofft, dass es bei den Leserinnen und Lesern auf ähnlich großes Interesse stößt.

07. November 2022 | Saylorsburg, Pennsylvania
© Stiftung Dialog und Bildung

Einleitung

„Hocam, kommst du heute zum Çay? – Inschallah!" Diesen neudeutsch anmutenden Dialog können mittlerweile viele Menschen aus der Mehrheitsgesellschaft, ohne nachzuschlagen, verstehen. Während sich Çay erst langsam den Weg in den Mainstream bahnt, findet man das Wort inschallah bereits seit 1942 im Duden. Der Begriff Hoca dagegen stellt ein Nischenwort dar und wird eher im Moscheekontext verortet. Dabei gibt es viele Menschen, die diese Bezeichnung in ihrer deutschen Alltagssprache verwenden.

Sprache ist ständig im Wandel – in ihr spiegelt sich der gelebte Alltag und die Lebensrealität wider. Sprachkultur, mit all ihren Facetten, prägt das Denken, die Art und Weise, wie wir Dinge wahrnehmen und vor allem, wie wir kommunizieren. Sie stellt die Tür zu unserer Gedankenwelt dar: Was wir sprachlich nicht ausdrücken können, entzieht sich auch unseren Gedanken. Reichtum im Wortschatz bedeutet auch Gedankenreichtum. Hizmet – landläufig auch Gülen-Bewegung genannt – stand in den letzten zehn Jahren überproportional zu ihrer Größe im medialen Fokus. Es lassen sich viele Artikel in Bezug auf Innen- sowie Außenpolitik finden. Eher selten werden jedoch die hiesigen Menschen, die sich in der Bewegung engagieren, thematisiert. Welche Werte prägen ihr Leben und auf welche Weise werden diese Werte kommuniziert? Sprachkultur wird durch Sozialisierung, Haltung und Denken geprägt. Genau einen dieser unbehandelten Aspekte der Lebensrealität von Hizmet-Engagierten möchte dieses Buch angehen.

Da die Hizmet-Bewegung ihren Ursprung in der Türkei hat, sind die Begriffe aus dem gebräuchlichen Türkischen, gehen aber etymologisch auch auf das Persische und Arabische zurück. Obwohl die jüngere Generation überwiegend auf Deutsch untereinander kommuniziert, haben die Begriffe in diesem Buch sich in der Ursprungssprache durchgesetzt und werden, wie eingangs beispielhaft erwähnt, ebenfalls im Deutschen so verwendet. Auch diese Tatsache unterstreicht die Wichtigkeit dieser Begriffe in der Hizmet-Kultur und -Philosophie.

Die erste Idee zu einem „Hizmet-Abc" entstand vor einigen Jahren in Form eines Online-Wörterbuchs. Transparenz war und ist seit der Gründung der Stiftung Dialog und Bildung eines ihrer Hauptanliegen. Daher stellte sich unweigerlich die Frage nach der Sprache und den ihr inhärenten Werten. Die erste erstellte Liste umfasste einige der öffentlich diskutierten Begriffe wie „Lichthäuser" und „Hodschaefendi". Schnell wurde uns klar, dass das eine politisch aufgeladene Blickrichtung darstellte und die tieferliegende Werteebene nur oberflächlich berührte. Daher entschieden wir uns, den Umfang auszuweiten und in Broschürenform zu publizieren.

Durch den Perspektivenwechsel kamen viele neue Begriffe dazu. **→Ihlas** **→Uhuvvet** **→Cevşen** waren nur einige dieser neuen Inhalte. Eine Sammlung von über 50 Begriffen samt Übersetzung und enzyklopädischer Erklärung fand sich zusammen. Die ersten Präsentationen in unserem Netzwerk lösten zwar große Neugier für das Projekt aus, jedoch blieb die Begeisterung für die Texte aus. Dieser Ansatz blieb von der Umsetzung her zu trocken. In vielen Gesprächen und Diskussionen keimte bei uns eine neue Idee auf: Um nicht nur den Wissensinhalt darzustellen, brauchte es einer Erklärungsebene, die die Gefühlswelt und die „Message" des jeweiligen Wortes vermittelte. Wir beschlossen, jeden Begriff mit Gedichten, Aphorismen oder Anekdoten zu ergänzen. Dies stellte einen wichtigen Etappenpunkt dar. Denn das Projekt sollte nun in Buchform umgesetzt und weitere Begriffe mit künstlerischen Elementen ergänzt werden.

Bei einem Freitagsgebet lernten wir einen geflüchteten türkischen Lehrer kennen, der sich im künstlerischen Schaffen eine Form der Expression und Traumabewältigung gefunden hatte. Über ihn vernetzten wir uns mit einem ganzen Künstlerkollektiv aus Frauen und Männern, die alle eine Fluchterfahrung verband. Durch ihren ehrenamtlichen Beitrag konnten mehrschichtige Begriffe um eine weitere Perspektive ergänzt werden.

Begeistert von diesem neuen Beitrag, machten wir uns auf die Suche nach weiteren künstlerischen Elementen. Und das Hizmet-Netzwerk bewies erneut seine Synergiekraft: Die humorvollen Karikaturen erstellte ein ehemaliger Chemielehrer, der in einem türkischen Gefängnis autodidaktisch das Zeichnen lernte. Als Hizmet-Engagierter war er in der Türkei der politischen Verfolgung und sogar schwerer Folter ausgesetzt und konnte erst viele Jahre später unter schweren Bedingungen nach Deutschland flüchten. Auch er hatte in der Kunst ein Ventil für seine Gefühlswelt gefunden und war mehr als verzückt, einen Beitrag zu leisten.

Abgerundet wurde der künstlerische Teil dieses Buches von einem Kalligrafie-Meister und einer jungen deutsch-türkischen Künstlerin, die uns innerhalb weniger Wochen etliche digitale Zeichnungen anfertigte.

Es ist uns eine Herzensangelegenheit zu betonen, dass die langen und ausgiebigen Gespräche mit den vielen Engagierten, insbesondere den geflüchteten Künstlerinnen und Künstlern, bei uns als Autoren einen starken Eindruck hinterließen. Menschlich hat die Umsetzung dieses Buches uns nachhaltig geprägt. Für diese intensive Erfahrung möchten wir uns von ganzem Herzen bei allen bedanken, die uns geholfen, beraten und unterstützt haben. Einen besonderen Dank möchten wir auch unserem langjährigen Grafikdesigner Caner aussprechen. Mit Witz, Charme und Kreativität hat er dieses Buch künstlerisch gestaltet. Die aktuelle Fassung ist das dritte von Grund auf erstellte Designkonzept.

In tiefer Verbundenheit danken wir Dr. Arhan Kardaş vom Main-Donau Verlag, der uns mit seinem reichhaltigen Wissensfundus an kniffligen Stellen hilfreiche Hinweise gab.

Zum Inhalt bleibt noch zu sagen: Dieses Buch wurde mit dem Herzblut und dem ehrenamtlichen Engagement vieler Menschen erstellt. Selbstverständlich erheben wir nicht den Anspruch, alle Begriffe aus dem Hizmet-Jargon erklärt zu haben. Es ist vielmehr ein illustriertes Nachschlagewerk und ein Dialogangebot an unsere Mitmenschen in Deutschland. Es ist der Versuch, einen Einblick in die Gefühlswelt und den Wertekanon der Hizmet-Engagierten in Deutschland zu gewähren. Wir hoffen, dass es Anklang findet und andere Autorinnen und Autoren zu weiteren Werken inspiriert. Wir freuen uns jederzeit über Feedback und wollen die Begriffssammlung digital fortführen sowie erweitern. Möge der Schöpfer unseren **→Ihlas** bewahren und unsere **→Uhuvvet** stärken.

Viel Vergnügen beim Lesen!

Ahmet Daşkın & Talha Güzel

Diese Art der farbigen Wortmarkierung deutet auf einen Querverweis in diesem Buch hin.

Abla / Abi

Große Schwester / Großer Bruder

Die Anrede **Abla/Abi** wird im Türkischen gewöhnlich für die ältere Schwester bzw. den älteren Bruder verwendet sowie auch als grundsätzlich respektvolle Anrede für ältere Menschen und Vorbilder *(role models)*.

Diese Bezeichnung ist untereinander die wohl gängigste Anrede für Menschen in Hizmet. Vor allem Personen mit Verantwortung wie JugendleiterInnen, →KoordinatorInnen oder Vereinsvorsitzende werden so bezeichnet.

In der Begrifflichkeit **Abla/Abi** spiegelt sich die Bedeutung starker Persönlichkeiten in der Hizmet-Bewegung wider. Das gruppendynamische Konzept, Menschen in der Gemeinschaft für soziales Engagement zu begeistern, setzt auf die Kombination individueller Charakterbildung und Motivation durch wechselseitiges Vorbild.

*Auf Kinder wirkt
das Vorbild,
nicht die Kritik.*

Joseph Joubert

Akademi

Akademie

Akademi ist ein theologisches Bildungszentrum, das in Istanbul von Hocaefendis Theologie-Studenten mit einer Außenstelle in Ägypten gegründet wurde. 2016 musste die Hauptstelle in der Türkei aufgrund politischer Verfolgung nach dem Putschversuch geschlossen werden. Seitdem werden Forschung und Lehre in Ägypten, Deutschland und den USA fortgeführt.

In der **Akademi** werden die Grundlagen der islamischen Wissenschaften aufbereitet und gelehrt. Im Mittelpunkt der theologischen Arbeit steht eine zeitgemäße Auslegung islamischer Quellen sowie eine Symbiose von Spiritualität und Rationalität. Die hier studierenden und arbeitenden IslamtheologInnen übersetzen, editieren und veröffentlichen Publikationen zu aktuellen und grundlegenden Themen. Sie organisieren Vorlesungen sowie Veranstaltungen zu geisteswissenschaftlichen Themen. Zur **Akademi** gehört eine umfangreiche Bibliothek.

Eine Jahrtausende alte Tradition des Diskurses

Die *Akademi* pflegt die Tradition des Diskurses, die seit über tausend Jahren zum Wesenskern des Islams gehört. Schon die frühen Jahre der islamischen Geschichte waren durch diesen Diskurs gekennzeichnet: Eine alleinstehende Obrigkeit, die das Recht zu einer alles bestimmenden Theologie und zur Interpretation der Heiligen Schrift für sich beanspruchte, gab es nie. Stattdessen entwickelten sich Methodik und Inhalte von Koraninterpretation, Hadithwissenschaften oder Normenlehre aus einem Austausch der Gelehrten und einer vergleichenden und analytischen Auseinandersetzung mit den Quellen des Islams.

Fethullah Gülen beschreibt diese Tradition und ihre Anwendung auf unsere heutige Zeit wie folgt:

Um diese Tiefe, diesen weiten Horizont und diese Kenntnis zu erlangen, müssen wir die Quellen unserer Religion aus einer vergleichenden und analytischen Perspektive lesen; mit der Entschlossenheit und dem Bemühen, neue Zusammensetzungen und Analysen zu erreichen.

Schauen Sie sich die Geschichte der Koraninterpretation an. Seit dem Tag, an dem der Koran herabgesandt wurde, wurden viele Kommentare niedergeschrieben und die Verse sowie die Interpretationen mit vielen Fußnoten versehen. Ja, die Kommentare, die heute über den Koran geschrieben wurden, haben Tausende von Büchern gefüllt. Jeder Kommentator, der in gewisser Weise „Kind seiner Zeit" ist, fügte zu den bestehenden Interpretationen auch seine eigenen, von den Bedingungen seiner Zeit inspirierten Kommentare hinzu und sagte: „Dieser Vers kann auch so verstanden und aus ihm die folgende Schlussfolgerung gezogen werden." Damit brachten sie immer neue Ansätze, um den Koran besser zu verstehen. [...] Wir sollten mit dieser Überlegung handeln und die Bedingungen und den Wissensstand unseres Zeitalters sehr gut studieren; wir sollten uns und andere dazu motivieren, zu Menschen zu reifen, die fähig sind, zu unterschiedlichen Erkenntnissen und Analysen zu gelangen und Dinge und Ereignisse tiefer, umfassender und ganzheitlich zu betrachten.

Fethullah Gülen, „Okuma seferberliği".

Altın Nesil

Goldene Generation

Die **Goldene Generation** ist eine Metapher für Fethullah Gülens Vision einer Gemeinschaft von Menschen, die ihr Wohl im Altruismus sehen. Diese Vorstellung entspricht einem Hadith des Propheten Muhammed (Friede und Segen seien mit ihm): „Der beste unter den Menschen ist derjenige, der den Menschen von größtem Nutzen ist." Für die **Goldene Generation** ist Religion mit Moderne, Demokratie und Wissenschaft vereinbar. Darin sieht Gülen die Lösung der gegenwärtigen gesellschaftlichen Probleme. Zu den Werten der **Goldenen Generation** zählen vor allem Liebe zur Schöpfung, Verantwortungsbewusstsein, Freiheit der Gedanken, Toleranz und Wahrung der Menschenrechte.

Wofür steht die Goldene Generation? Eine Annäherung nach Fethullah Gülen:

Eine Generation, die in der Welt die Wissenschaft und die Technologie vertritt, die mit ihrem Glauben, ihrer Hoffnung und tiefen Spiritualität eine Welt hervorbringt, in der Ost und West nicht im Streit liegen; eine Generation, die den Lauf der Zeit erkannt hat und auch westliches Gedankengut annimmt, auswertet; Werte, die den Wurzeln ihrer Seele und ihres Lebenssinns nicht widersprechen, respektiert; die vielseitig und offen ist; die dazu beiträgt, den Frieden in der Welt zu bewahren.

Fethullah Gülen, Interview mit Nevval Sevindi.

Bamteli

Bamteli heißt die stärkste Saite des Musikinstruments Bağlama (auch Saz), eine Art Gitarre, die in der traditionellen türkischen Musik häufig gespielt wird. Beim Zupfen dieser Saite entsteht ein besonders berührender Klang; es wird ein Ton erzeugt, der „unter die Haut geht". In ähnlicher Weise wirken die religiösen Gesprächskreise, sogenannte **→Sohbets**, die Fethullah Gülen in Pennsylvania/USA führt. Aufnahmen dieser Sohbets nennt man daher **Bamteli**. Einige wurden ins Englische und Deutsche übersetzt. Unter www.herkul.org ist ein Archiv dieser Video- und Tonaufnahmen verfügbar. Dort findet sich auch die erste veröffentlichte Bamteli-Aufnahme aus dem Jahr 2003.

Beklentisizlik

Erwartungslosigkeit

Unter **Beklentisizlik** versteht man die Wertvorstellung, keine weltliche oder spirituelle Gegenleistung für das eigene Engagement zu erwarten.
(siehe auch →İhlas).

Grundlage der Maxime bildet zum Beispiel Koranvers 76:8-9 „Sie geben Nahrung, auch wenn sie sie selbst noch so sehr benötigen, bereitwillig an den Bedürftigen und an das Waisenkind und an den Gefangenen (indem sie sagen): Wir geben euch allein Gott zuliebe zu essen; wir erwarten von euch weder Vergeltung noch Dank (wir wünschen uns nur, dass Gott es von uns annimmt)."

Diese Libanon-Zeder, mit Blick auf den Eğirdir-See auf dem Çamdağı in Barla, war ein Ort, an dem sich Üstad Bediüzzaman Said Nursi zur Kontemplation und zum Gebet zurückzog.

Ich verlange für meinen Dienst keinen Lohn von euch; mein Lohn wird mir von niemand anderem als dem Herrn der Welten zuteil.

Koran, 26:109

Beşinci Kat

Fünfter Stock

Während seiner Zeit in Istanbul als Rektor eines Internats richtete Gülen den fünften Stock als einen Bereich für Gäste und als Lehr- und Lernbereich ein. Anders als der Rest des Gebäudes war dieser Bereich mit Teppichen ausgelegt und wurde ohne Schuhe betreten. Dieses Stockwerk diente auch als spiritueller Rückzugsort und wurde gerne als Versammlungsort für →Sohbets und →İstişare genutzt.

Auch heute wird in Hizmet-Institutionen oftmals ein solcher Bereich oder nach Möglichkeit ein solches Stockwerk eingerichtet und der Begriff **Beşinci Kat** synonym dafür verwendet. Diese Räumlichkeiten können auch von anderen Institutionen angemietet werden.

Manchmal erfahren wir unser Leben als Wüste. Wir sind innerlich vertrocknet und ausgedörrt. Mitten in der Wüste unseres Alltags gibt es genügend spirituelle Oasen, in denen wir Erfrischung, Ruhe und Stärkung erfahren dürfen. Aber es liegt an uns, diese Oasen auch aufzusuchen und sie uns zu gönnen.

Anselm Grün

Bölge

Gebiet, Region

Den Anfang vieler Hizmet-Aktivitäten bildeten früher häufig regionale Gesprächskreise →Sohbet . In diesen Gesprächskreisen fanden sich – nicht selten durch das Sohbet selbst motiviert – Menschen, die sich gemeinsam in der Gesellschaft engagieren wollten. Der Gesprächskreis diente fortan auch dazu, über dieses Engagement zu sprechen. Im Laufe der Zeit wurde es jedoch immer schwieriger, beides zeitlich und organisatorisch unter einen Hut zu bringen. Um die Hizmet-Aktivitäten besser koordinieren und gegenseitig von Best-Practice-Modellen profitieren zu können, ging man daher schon sehr früh dazu über, regionale Koordinationsgruppen zu bilden. Anfangs waren diese Gruppen informell organisiert, heute übernehmen meist regionale Dachverbände ihre Funktion. Sie werden totum pro parte mit dem Begriff **Bölge**, türk. Gebiet, Region, bezeichnet.

An solchen Koordinationsgruppen beteiligen sich VertreterInnen aller Engagement-Bereiche in Hizmet, ob Kultur-, Frauen- oder Dialogvereine, Unternehmerverbände, Bildungsinstitutionen oder Jugendarbeitsgruppen, karitative Organisationen oder Flüchtlingsinitiativen.

Den Koordinationsgruppen steht eine verantwortliche Person vor, die Zusammenkünfte und Meetings leitet: →KoordinatorIn

Zusammenkommen ist ein Beginn,
Zusammenbleiben ist Fortschritt,
Zusammenarbeiten ist Erfolg.

Henry Ford

Burs

Stipendium

Burs sind ein wichtiger Baustein in Hizmet und leisten einen Beitrag zu Chancengleichheit und sozialer Teilhabe. Bildungsspenden unterstützen SchülerInnen und Studierende in ihrem Lebensunterhalt. Viele Geförderte können nur dank solcher Finanzhilfen ihr Studium oder ihre Ausbildung absolvieren. Ähnlich wie beim FSJ (Freiwilliges Soziales Jahr) gibt es außerdem Engagierte, die nach Studium oder Ausbildung sich in einem Hizmet-Bereich für ein oder zwei Jahre engagieren und die durch **Burs** gefördert werden.

Indem sozial benachteiligten Menschen auf diese Weise Zugang zu Bildung ermöglicht wird, wird die Chancengleichheit im Bildungssektor gefördert. Daher motivieren Menschen in Hizmet sich gegenseitig, Geld für diesen Zweck zu spenden. Weil zeitaufwändige Erwerbsjobs neben Schule, Ausbildung oder Studium wegfallen, ermöglichen oder vereinfachen die Stipendien zudem gesellschaftliches Engagement.

Auch der Prophet gab einen Anteil der jährlich zu entrichtenden sozialen Pflichtabgaben an Menschen weiter, die ihr Leben dem Lernen und der Weiterbildung widmeten.

Zu nehmen, zu behalten
Und gut für sich zu leben
Fällt jedem selber ein.
Die Börse zu entfalten,
Den andern was zu geben,
Das will ermuntert sein.

Wilhelm Busch

Çay

Tee

Çay bezeichnet nicht nur das Heißgetränk Tee, sondern wird in der Hizmet-Bewegung oft synonym zu →Sohbet oder →İstişare verwendet. Humoristisch wird auch gesagt: **Çay** ist der Treibstoff des Hizmet-Engagierten. Er wird auf eine ganz besondere Art und Weise zubereitet und bildet den Abschluss eines Zusammenkommens.

Eine weitere, sentimentale Bedeutung hat der **Çay** im Angesicht großer Niederlagen. Bediüzzaman Said Nursi wird der Satz „*Çay koy keçeli! Yeniden başlıyoruz*" *(setz einen Tee auf, wir fangen von Neuem an)* nachgesagt und dient zur Motivation für neue Projekte, wenn man sich in einer scheinbar ausweglosen Situation wähnt.

Tee hat nicht die Arroganz des Weines – nicht das Selbstbewusstsein des Kaffees – nicht die kindliche Unschuld von Kakao. Im Geschmack des Tees liegt ein zarter Charme, der ihn unwiderstehlich macht und dazu verführt, ihn zu idealisieren.
Laozi

Çekyat

Liege, Sofa

Çekyat ist ein Schlafsofa, das das Erscheinungsbild vieler Studenten-WGs in Hizmet, vor allem im Gemeinschaftsraum, prägt. Das Wort **Çekyat** ist eine Zusammenrückung der Imperative *çek* „zieh" und *yat* „lieg" und ist auf die mechanische Konstruktion dieser Sofas zurückzuführen: Man zieht an einem Teil, wodurch das Sofa zum Bett wird. Es bietet Gästen (siehe auch **→Talebe**) einen Schlafplatz und Stauraum für die WG. **Çekyats** sind oft Spenden. Da diese Sofas oftmals vom selben Möbelhersteller bezogen wurden, ähneln sich die **Çekyats** in den deutschen Hizmet-WGs und sind regelrecht zu deren Stilmerkmal geworden. Die BewohnerInnen haben meist ein ambivalentes Verhältnis zu **Çekyats**; Sie sind einerseits günstig (oder als Spende sogar kostenlos), andererseits lassen sie aber an Bequemlichkeit zu wünschen übrig.

Im Schmerz von gestern liegt die Kraft von heute.
Paulo Coelho

Cemaat

Gemeinschaft

Cemaat bedeutet „Gemeinschaft", der Wortstamm umfasst die Bedeutungsebenen „zusammenkommen", „zusammenbringen" und „versammeln". Sinnverwandt ist der Begriff Cemiyet („Gesellschaft").

Cemaat wird primär für das gemeinschaftliche Ausrichten des Hauptgebets verwendet, das in der islamischen Tradition einen hohen Stellenwert hat. Dies schafft ein Gemeinschaftsgefühl und stärkt das Bewusstsein, Teil eines kollektiven Ganzen zu sein. Auch bei anderen Aktivitäten wird in Hizmet Wert auf Gemeinschaft gelegt: Gemeinsam lernt man in →Sohbetgruppen, debattiert in Lesezirkeln und trifft sich in Camps →Kamp. Die Klimax dieses Prinzips findet sich im →İstişare -Verständnis: Auch Entscheidungen werden gemeinschaftlich getroffen.

Theologisch legt Bediüzzaman Said Nursi hierzu dar, dass die Belohnungen für Wohltaten im Jenseits nicht unter den Beteiligten aufgeteilt werden, sondern jeder und jede Beteiligte gemäß der Reinheit ihrer Absicht (→İhlas) entlohnt wird. Steht eine Gruppe also gemeinsam für eine gute Sache ein, so fließen die Wohltaten eines jeden in einen gemeinsamen Pool, für die jedes Mitglied im Jenseits belohnt wird.

Wenn drei Einsen eigenständig stehen, haben sie summiert einen Wert von drei. Wenn sie sich aber zusammentun, so steigt ihr Wert auf 111. Vier Vieren haben allein einen Wert von 16. Stehen sie aber Schulter an Schulter und stehen gemeinsam und verantwortungsbewusst für eine Sache ein, haben sie die Kraft von 4444.

Bediüzzaman Said Nursi

Çetele

Tabelle, Strichliste

Das Führen eines Bullet Journal wird heute als eine Methode gefeiert, sein Leben zu strukturieren und achtsamer und konzentrierter zu werden. Bei Hizmet hat diese Art der tabellarischen Selbstdokumentation zur Motivation und Selbstoptimierung eine deutlich längere Tradition. Sie heißt schlicht **Çetele**, also Tabelle oder Strichliste. Etymologisch scheint **Çetele** sogar mit dem deutschen „Zettel" oder dem englischen „schedule" (Zeitplan, Liste) verwandt zu sein. Als pädagogische Methode genutzt, erleichtert sie die Bewältigung von Alltags- und Lernaufgaben und fördert das Bewusstsein für den Aufbau und das Verfestigen von Wissen. So fertigen Jugendliche zum Beispiel eine **Çetele** für ihre Schulaufgaben oder planen und dokumentieren über eine entsprechende **Çetele** ein bestimmtes Lesepensum. Auch Erwachsene führen **Çeteles**, um eigene Ziele zu setzen, zu evaluieren und zu steigern. Innerhalb von Arbeitsgruppen werden individuelle Listen oft ausgetauscht und helfen dabei, sich gegenseitig zu motivieren.

> *Jeder, der aufhört zu lernen, ist alt, mag er zwanzig oder achtzig Jahre zählen. Jeder, der weiterlernt, ist jung, mag er zwanzig oder achtzig Jahre alt sein.*
> *Henry Ford*

Cevşen

Der Begriff **Cevşen** stammt aus dem Persischen und bedeutet eigentlich Rüstung oder Kettenhemd. Im Islam wird ein wichtiges Bittgebet so bezeichnet, das sich hauptsächlich um die Namen, Eigenschaften und Erkenntnisse Gottes dreht. Es geht auf den Propheten Muhammed (Friede und Segen seien mit ihm) zurück und soll eine schützende Wirkung haben – daher der Name. Hauptsächlich stammt es aus schiitischen Quellen, wurde durch Gelehrte wie Ebū Hāmid el-Gazālī (gest. 1111) und Bediüzzaman Said Nursi jedoch auch in der sunnitischen Welt populär. In Hizmet ist es geläufig, dass das **Cevşen** vor Veranstaltungen, Reisen, oder anderen Aktivitäten gemeinschaftlich gelesen wird, die einzelnen Kapitel jeweils von unterschiedlichen Personen.

Darüber hinaus ist das Lesen des **Cevşens** oft auch Teil der täglichen →Çetele -Routine.

*Gottes Namen woll'n wir
nennen allererst
das ist die Pflicht für jeden
Menschen allererst.
Wer des Namens Gottes zu
Beginn gedenkt,
Gott in jeder Arbeit ihm
Erleich'trung schenkt.
Spricht die Zunge einmal
„Gott" voll Liebe hier,
fällt wie Herbstlaub alle
Sünde ab von dir.*

Süleyman Çelebi

Dershane

Haus des Lernens

Dershane bedeutet wörtlich „Haus des Lernens". Im Türkischen versteht man darunter Nachhilfezentren, die zur Prüfungsvorbereitung für die Zulassung in die Universitäten dienen. In der Hizmet-Bewegung in Deutschland hat sich der Begriff **Dershane** als gängige Bezeichnung für WGs von SchülerInnen und Studierenden etabliert.

Diese Wohngemeinschaften werden von Menschen in Hizmet lokal unterstützt. In ihnen leben vor allem muslimische Jugendliche, die sich sozial engagieren möchten. Meist verbindet sie ein Wertekonsens, beispielsweise auf Alkohol oder Tabak zu verzichten. Die WG bietet die Möglichkeit, gemeinsam zu lernen, zu kochen und zu beten. Die WGs sind geschlechtergetrennt.

*Im Grunde sind es doch
die Verbindungen mit
Menschen, die dem Leben
seinen Wert geben.*

Wilhelm von Humboldt

Dialog

Der Begriff **Dialog** besteht aus den griechischen Wörtern *diá*, ‚durch‘, und *lógos*, ‚Wort‘, ‚Rede‘. Die Begegnung durch Worte, das Miteinanderreden, eben der **Dialog** spielt in der Hizmet-Bewegung eine zentrale Rolle und ist prinzipiell interreligiös und interkulturell angelegt. Dahinter steht die Grundüberzeugung, dass offener, respektvoller Austausch zwischen Menschen verschiedener Religionen, Weltanschauungen und Hintergründe eine Bereicherung für unsere Gesellschaft ist. Akzeptiere andere Menschen so, wie sie sind! Dieser Gedanke liegt allen Dialogaktivitäten in Hizmet zugrunde. Vielerorts bringen Dialogvereine Menschen zusammen, sei es bei Konferenzen, Tagungen und Seminaren, sei es auf Reisen und kulturellen Veranstaltungen.

Das Thema **Dialog** taucht in Gülens Werken oft auf. Beispielhaft ist dieses aussagekräftige Zitat: „Es ist offensichtlich: Die Welt benötigt eine Kultur des, ‚gegenseitigen Verständnisses und des Dialogs‘. Natürlich gibt es dabei keine singuläre und einfache Methode, mit der man alle Probleme lösen könnte, ebenso wenig eine Zauberformel. Aber es gibt Hinweise. Die Erfahrungen der gesamten Menschheit müssen berücksichtigt werden, um die Welt von Vorurteilen zu befreien. Dann wird man erkennen, dass viele lokale Bewegungen Lösungsmodelle für eine Vielzahl globaler Probleme anbieten." (aus: Fethullah Gülen, Was ich denke, was ich glaube).

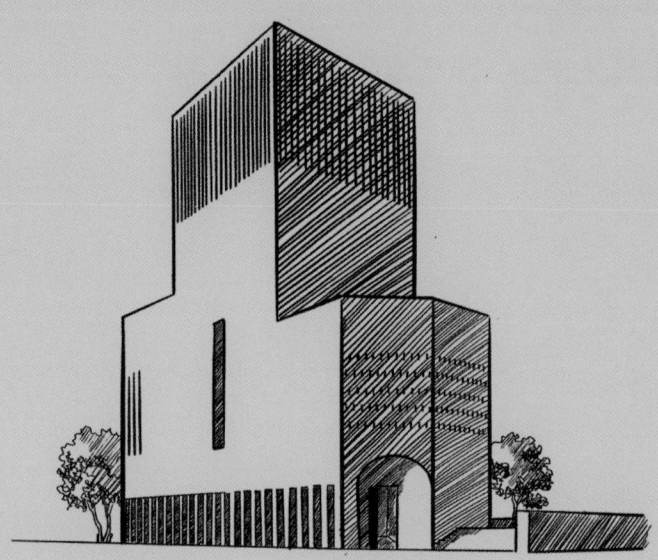

House of One, Berlin

O ihr Menschen! Wir haben euch fürwahr [...] zu Völkern und Stämmen gemacht, damit ihr einander kennen möget (und auf diese Weise Beziehungen untereinander knüpft und zusammenarbeitet, nicht aber, damit ihr eure Unterschiede zum Gegenstand des Stolzes macht und feindselige Gefühle hegt).

Koran, 49:13

 Christen, Muslime und Juden bauen gemeinsam das House of One in Berlin.

Diğergamlık

Altruismus

Das türkische Wort **Diğergamlık** umfasst ähnlich wie Altruismus verschiedene Bedeutungsebenen vom Denken bis zum Handeln, nämlich sowohl die Tugend der Selbstlosigkeit, also das Glück des Anderen seinem eigenen Glück vorzuziehen, als auch die konkrete Großzügigkeit gegenüber den Interessen anderer. **Diğergamlık** ist eines der Kernideale der Hizmet-Philosophie, das sich in vielen Aktivitäten widerspiegelt.

Siehe auch: **→ İsar ruhu**

Wenn jemand von einem anderen Gutes sagt, wendet sich das Gute zu ihm zurück, und in Wirklichkeit ist dieses Lob für ihn selbst. Er ist ähnlich wie jemand, der um sein Haus einen Rosenhag und Duftkräuter pflanzte; wann immer er hinsieht, erblickt er Rosen und Duftkräuter und ist ständig im Paradies. Wenn er sich angewöhnt hat, gut von anderen zu sprechen, sprechen die anderen auch gut von ihm. Wenn er Gutes von jemandem sagt, wird der sein Freund; wenn er an ihn denkt, denkt er an einen lieben Freund, und an einen lieben Freund zu denken ist wie Rosen und Rosenhag, Dufthauch und Rast. Aber wenn er schlecht von jemand spricht, dann erscheint er diesem verhasst – wenn er an ihn denkt, und sein Bild ihm erscheint, ist es, als ob eine Schlange oder ein Skorpion, ein Dorn oder eine Distel vor seinen Augen erschienen sei.

Tu' Gottes wegen allen Menschen gut,
und auch, damit dir deine Seele ruht,
damit du immer einen Freund nur siehst,
kein hässlich Bild aus Hass im Herzen trägst.
Nun, wenn du Tag und Nacht Rosen und Rosengärten und die Wiesen von Iram sehen kannst, warum gehst du inmitten von Dornbüschen und Schlangen umher? Liebe alle, damit du immer unter Rosen und in einem Garten weilst.

Mewlana Djelaleddin Rumi
(zitiert nach Annemarie Schimmel, Weisheit des Islam)

Emr-i bil maruf, nehy-i anil münker

Zum Guten aufrufen, dem Üblen entgegenwirken

Diese im Arabischen und Türkischen bekannte Maxime umschreibt das Grundprinzip für jegliches Hizmet-Engagement: Das Gute (Verantwortung, Nächstenliebe, Achtung der Menschenrechte) soll in allen Bereichen der Bildungs- und Jugendarbeit, dem Dialog und der humanitären Hilfe aufleben und das Üble (Hass, Rassismus, Extremismus, Menschenfeindlichkeit) verhindert werden. Die „Aufrufenden" versuchen dabei, selbst Vorbild an Mitgefühl, Toleranz und Aufopferungsbereitschaft zu sein und aktiv Gutes zu verbreiten.

Grundlage der Maxime ist der Koranvers 3:104: „Und es soll unter euch eine Gemeinschaft sein, die zum Guten aufruft und das Rechte gebietet und tatkräftig fördert und Unrecht verwehrt und sich bemüht, Übles (auf angemessener Weise) zu verhindern. Sie sind es, die erfolgreich sein werden."

Tue Gutes und wirf es in den Tigris.
Persisches Sprichwort

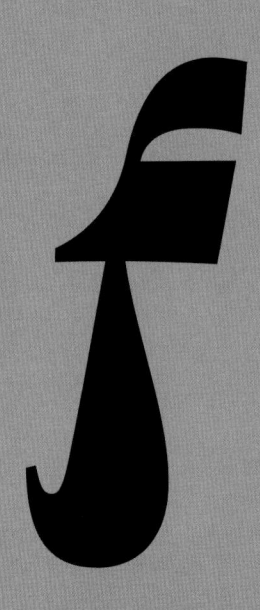

Fedakârlık

Selbstlosigkeit

Fedakârlık bezeichnet die Tugend, im Namen des gesellschaftlichen Wohlergehens auf persönliche Vorteile zu verzichten. Dazu zählt beispielsweise, seine Freizeit für ehrenamtliches Engagement zu nutzen oder ein Jobangebot mit attraktiver Bezahlung abzulehnen, um in einer gemeinnützigen Institution zu arbeiten. Wichtig dabei ist, dass es auf Freiwilligkeit gründet.

Ein Mann ist reich im Verhältnis zur Zahl der Dinge, auf die er verzichten kann.

Henry David Thoreau

Gezi

Reise

Studienreisen spielen in Hizmet eine wichtige Rolle – im buchstäblichen, aber auch im übertragenen Sinne. Konkret geht es darum, auf Studienreisen andere Länder, ihre Kulturen und ihre Geschichte kennenzulernen. Meist werden nicht nur Hizmet-nahe Institutionen und Schulen besucht, sondern auch einheimische Familien ohne jeden Hizmet-Bezug. Ziel ist es, Vorurteile abzubauen und sowohl mit den Mitreisenden, wie auch mit den Menschen im Reiseland in den Dialog zu treten. Auf diesem Weg wird man sich nicht nur der weltweiten Verbreitung der Hizmet-Bewegung, sondern auch der Universalität ihrer Überzeugungen bewusst.

Im übertragenen Sinne verweist **Gezi** auf die islamische Tradition der Selbstverwirklichung und Kontemplation. Eine reisende Person verlässt ihre Alltagsroutinen und findet Zeit für neue Begegnungen, die zur Reflexion einladen. Frei nach den Worten des Propheten Muhammed (Friede und Segen seien mit ihm): „Wer reist, der findet Gesundheit", erfahren Reisende körperliche, aber auch seelische Regeneration.

Das arabische Wort für Reisen („safar") geht auf den Wortstamm s-f-r zurück, der unter anderem auch die Bedeutung „etwas enthüllen, offenbaren" hat. So wird dem Reisen zugesprochen, das wirkliche Selbst der Reisenden zu enthüllen. Um eine Person kennenzulernen, wird deswegen empfohlen, mit ihr eine Reise zu unternehmen.

Zieht auf Erden umher und schauet, wie Er das erste Mal die Schöpfung hervorbrachte.

Koran, 29:20

Gönüllüler Hareketi

Bewegung von Freiwilligen

Gönüllüler hareketi ist eine andere Bezeichnung für Hizmet. Fethullah Gülen benutzt sie häufig, um zu betonen, dass jegliches Engagement in Hizmet auf Freiwilligkeit beruht und auch nur dann einen Wert hat. Die Bezeichnung impliziert auch die Reinheit der Absicht **→İhlas** und Erwartungslosigkeit **→Beklentisizlik**.

Gülen sagt hierzu:
Die Anfänge der „Hizmet-Bewegung" kann man als Gemeinschaft **→Cemaat** bezeichnen. Denken wir an alle jene, die sich heute mit „Hizmet" mehr oder minder identifizieren – das sind Menschen unterschiedlichster Religion, Sprache und Kultur –, reicht dieser Begriff nicht mehr aus. Bei „Bewegung" denkt man normalerweise an gesellschaftliche und politische Strömungen. Zu einer „Bewegung" gehören Aktivitäten, Freiwillige, die diese Aktivitäten ausführen, und Institutionen, die von den Freiwilligen gegründet werden. Daher nenne ich das, was meinem Namen zugeordnet wird, entweder „Hizmet", „Bewegung der Freiwilligen" oder eine „Bewegung sui generis". Eine passende, wenn auch lange Bezeichnung lautet: „eine Bewegung von Menschen, die um edle menschliche Werte zusammengefunden haben".

Kommt, kommt herein!
Ich bitte euch, kommt auch ein anderes Mal.
Wer ihr auch seid: Gläubige oder Ungläubige,
Häretiker oder Götzenanbeter.
Diese Tür ist offen für jedermann.
Auch wenn du deine Reue hundertmal
gebrochen hast, komm wieder.
Wir pflanzen keine andere Saat als die
Liebe in diesen Boden.

Mewlana Djelaleddin Rumi
(Übersetzung angelehnt an Annemarie Schimmel, Weisheit des Islam)

h

Halka

Kreis, Zirkel

Wörtlich übersetzt bedeutet **Halka** „Kreis", „Ring", „Zirkel" und bezeichnet unter anderem auch die Sitzordnung, etwa einen Stuhlkreis. In der islamischen Gelehrtentradition meint Halka den Zirkel der Schüler um ihren Lehrmeister (*halka-i tedris*, Kreis des Studierens).

Wie andere islamische Gelehrte auch unterwies Gülen bereits in jungen Jahren Studierende in den klassischen islamischen Wissenschaftsgebieten und führt dies bis heute fort. Studierende und Absolventen der Islamwissenschaft und der islamischen Theologie schließen sich für einen individuellen Zeitraum dem Lernzirkel an. Dieser Zirkel ist in Hizmet als **Halka** bekannt.

In der **Halka**-Tradition weist der Gelehrte Gülen jedem seiner Schüler je ein klassisches Werk zu einem Thema zu und lässt ihn das Thema aus der Perspektive des zugewiesenen Werkes präsentieren. Nachdem alle Werke präsentiert worden sind, findet ein Diskurs zwischen Gülen und seinen Schülern statt, in dem das Thema aus der heutigen Zeit unter Anbetracht der klassischen Werke neu bewertet wird.

Halka-Teilnehmer sind jedoch weit mehr als klassische Schüler. Sie verschriftlichen Gülens Ausführungen und publizieren sie in Buchform, veröffentlichen Schriften zu aktuellen Fragen um den Islam und organisieren dazu Online-Seminare.

Fethullah Gülens Lehrmethoden in seinem privaten Studienkreis

nach seinem Schüler Ergün Çapan

Fethullah Gülen Hodschaefendi hat es sich in den 50 Jahren seiner eigenen Lehrtätigkeit zum Grundsatz gemacht, seinen Unterricht dem Niveau seiner Studenten anzupassen. Vor Studienanfängern doziert er zunächst noch überwiegend frontal. Doch sobald ein Student fortgeschrittener ist (das heißt: arabische Sprachkenntnisse, Quellenverständnis und Grundlagenwissen in den islamischen Disziplinen), weist er ihm einen Quellentext zu, den der Student ausarbeiten und präsentieren soll. Vor seiner Präsentation studiert er den zugrunde liegenden Text mit einem oder mehreren älteren Studenten. Während der Präsentation selbst greift Hodschaefendi dann gelegentlich ein, kommentiert die eine oder andere Passage und weist respektvoll auch auf die Ansätze von anderen Gelehrten hin.

Hodschaefendi spricht in aller Bescheidenheit nicht von Unterricht, sondern von einem „Lesezirkel" und einer „Diskussionsrunde mit seinen Freunden". Die Tatsache, dass er in diesem Zusammenhang das Wort „diskutieren" (*Mudhakere*: wechselseitige Auseinandersetzung, Diskussion) benutzt, lässt sich auch so deuten, dass der Student nicht nur den Unterricht besuchen, sondern auch weiter forschen und eine vergleichende Analyse mit unterschiedlichen Werken betreiben soll; dass er sich außerdem auch selbst aktiv einbringt, indem er Fragen stellt, die weitere Nachforschungen und Erläuterungen nach sich ziehen.

Fethullah Gülen Hodschaefendi lässt außerdem keine Frage unbeantwortet. Ganz nach dem Ausspruch des Propheten „Eine gute Frage ist das halbe Wissen" sind sachdienliche Fragen wichtig, um vom Unterricht bestmöglich zu profitieren.

Hicret

Auswanderung, Migration

Hicret bezeichnet die Auswanderung des Propheten Muhammed (Friede und Segen seien mit ihm) von Mekka nach Medina, um der Unterdrückung durch die Mekkaner zu entkommen. Im Hizmet-Kontext bezeichnet **Hicret** das freiwillige Auswandern einzelner Menschen in eine neue Stadt oder ein neues Land mit der Absicht, sich dort in Hizmet zu engagieren. Häufig kennzeichnet **Hicret** einen neuen Lebensabschnitt der Auswandernden, da sie alte, schlechte Gewohnheiten zurücklassen und ein neues Kapitel mit neuen Vorsätzen aufschlagen. **Hicret** ist zudem ein Gottesdienst, der auf der Sunna des Propheten und den Geboten des Korans basiert.

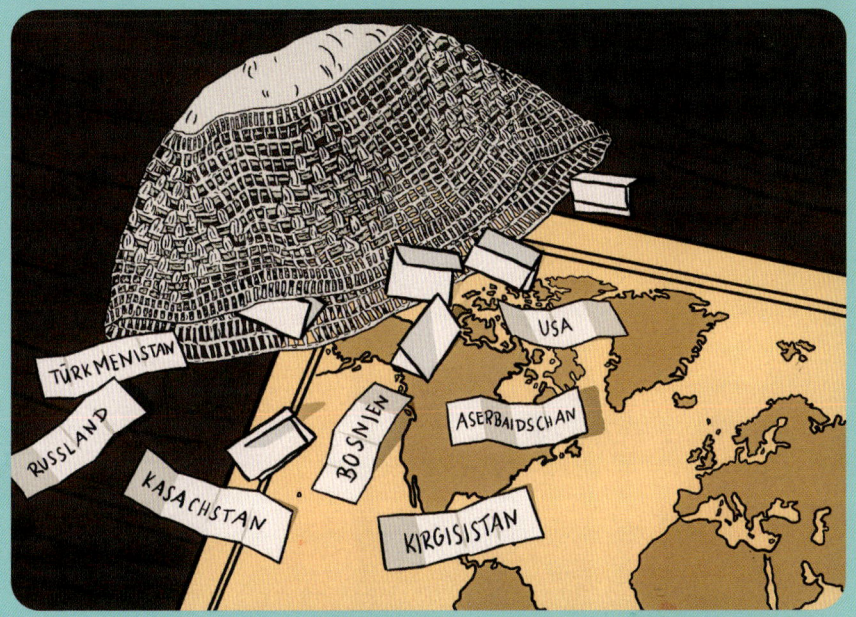

Wer auch immer auswandert für Gottes Sache, findet auf Erden viele Zufluchtsorte und reichlich bemessenen Wohlstand. Wer sein Haus verlässt und für Gott und Seinen Gesandten auswandert und es ereilt ihn dann der Tod (während er unterwegs ist), dessen Lohn obliegt ganz gewiss Gott. Gott ist vergebend, barmherzig.

Koran, 4:100

Himmet

Ambition, Streben

Im Allgemeinen bezeichnet **Himmet** die individuelle Zielsetzung von Hizmet-Engagierten, in welchen Bereichen und mit wie viel Aufwand sie sich einbringen wollen. Das umfasst sowohl die aufgebrachte Zeit als auch finanzielle Mittel.

Im engeren Sinne versteht man unter **Himmet** eine Form von Fundraising, also das Einwerben materieller Unterstützung für gemeinwohlorientierte Zwecke. Auf **Himmet**-Versammlungen werden sowohl Geld- als auch Sachspenden für konkrete Projekte gesammelt. Was, in welcher Höhe und welcher Form gespendet wird, entscheidet jede Person individuell. **Himmet**-Versammlungen finden periodisch statt, können aber in akuten Notsituationen auch spontan abgehalten werden. Den Kern dieser Versammlungen bilden die Vorstände und Aufsichtsräte der veranstaltenden Vereine oder Institutionen.

Großmut ist ein Baum des Paradieses, dessen Zweige in die Welt herabhängen, und den, der einen dieser Zweige ergreift, bringt der Zweig ins Paradies.

ʿAlī ibn Ebī Tālib

Hizmet

Dienst, Engagement

Der Begriff **Hizmet** bedeutet wörtlich „Dienst, Engagement". Gülen bezeichnete das Ideal, sich für die Menschheit und das friedliche Miteinander zu engagieren, als Hizmet. Dieser Aspekt seiner Philosophie ist zu einem derart elementaren Teil der von Gülen inspirierten Bewegung geworden, dass sich **Hizmet** als Eigenbezeichnung der Bewegung etablierte. Man spricht auch davon, „**Hizmet** zu machen" *(hizmet etmek)*, also sich zu engagieren. Menschen in **Hizmet** verstehen ihr gesellschaftliches Engagement als eine Form des Gottesdienstes.

> *Der beste Mensch ist jener, der den Menschen am nützlichsten ist.*
>
> **Prophet Muhammed**
> *(Friede und Segen seien mit ihm)*

Hoca, Hodscha

LehrerIn, MentorIn

Hoca, eingedeutscht auch „Hodscha", ist im Türkischen eine gängige Bezeichnung für LehrerInnen, MentorInnen und DozentInnen. Menschen in Hizmet fügen dem Namen ihres Gegenübers gelegentlich die Bezeichnung **Hoca** als Zeichen ihres Respekts an. In dieser Gebrauchsform ähnelt es dem japanischen Suffix „-san", das als ehrerbietige Anrede genutzt wird.

Eine Geschichte vom wohl bekanntesten Hodscha:
Nasreddin Hoca

Nasreddin Hoca ist eine Figur aus Erzählungen im islamischen Kulturraum. Sie taucht in verschiedenen Sprachen unter verschiedenen Namen auf: Als Nasreddin Hoca im Türkischen, als Molla Nasreddin im Persischen oder als Djuha im Arabischen. Auch im Chinesischen sind Erzählungen von ihm zu finden, dort heißt er aber Afanti. Nasreddin Hoca kann am besten als Schlitzohr beschrieben werden, dem kein Witz zu schade ist.

Wo ist das Fleisch?

Nasreddin Hodscha aß gerne Fleisch und brachte eines Tages ein ganzes Kilo vom Markt nach Hause. Er überließ das Fleisch seiner Frau zur Zubereitung und verließ das Haus wieder, um noch einige Besorgungen zu machen. In der Zwischenzeit kamen einige Nachbarinnen zu seiner Frau, und sie lud sie ein, von dem köstlichen Fleisch zu probieren, von dem bald nichts mehr übrig war. Als der Hodscha zurückkam und zum Mittagessen nur Suppe serviert bekam, traute er seinen Augen nicht.

„Wo ist das Fleisch?", fragte er seine Frau.
„Das hat die Katze gefressen", erwiderte sie.
Der Hodscha sah die Katze an, die sehr klein und mager war. Er nahm die Katze und legte sie auf die Waage. Sie zeigte genau ein Kilo an. Da rief Nasreddin Hodscha sehr erstaunt aus: „Wenn dies das Fleisch ist, wo ist denn dann die Katze? Wenn aber dies die Katze ist, wo ist dann das Fleisch?"

Hocaefendi

Lehrmeister

Hocaefendi (gesprochen „Hodscha-efendi") ist aus den zwei türkischen Wörtern „Hoca" (Lehrer) und „Efendi" (Meister) zusammengesetzt und eine Ehrenbezeichnung für religiöse Gelehrte und Würdenträger. Als solche wird **Hocaefendi**, wie auch den Namen vieler anderer Gelehrter, dem Namen Fethullah Gülens beigefügt („Fethullah Gülen **Hocaefendi**"). In der Türkei hatte der Begriff zeitweilig schon fast die Kraft eines Eigennamens: Wann immer von **Hocaefendi** die Rede war, war damit Gülen gemeint, auch ohne spezifische Nennung seines Namens.

Was ich über Gülen gelesen und gehört hatte, hat mich sehr beeindruckt. Es ist eine wunderbare Art, sich der modernen Welt zu nähern. Die Verwirklichung dieser wahrlich schönen und notwendigen Ideen wäre sowohl für die Türkei als auch für die in Deutschland lebenden Türken, aber auch für die ganze Menschheit von großem Nutzen. Die Menschheit muss Fethullah Gülen und seine Ideale kennenlernen. Fethullah Gülens Ideale zu den Themen ‚Nachsicht, Toleranz und die vorbehaltlose Akzeptanz der Menschen' sind besonders wichtig. Sie sind nicht nur gute Ideen, sondern auch unerlässliche Ideale. Man darf die Gegenseite nicht durch Gewalt zu verändern versuchen. Doch in unseren Tagen geschieht oft genau dieses. Es gibt sehr viele Menschen, die aus missionarischem Antrieb versuchen, alle Menschen so zu verändern, wie sie selbst sind. Das aber darf nicht geschehen. Es ist unumgänglich, die anderen so zu akzeptieren, wie sie sind. Auch in unseren Gärten gibt es nicht nur eine Art von Blumen. Es gibt viele Arten, es gibt sowohl die Rosen als auch die Tulpen. Und niemand muss wie die Rose oder wie die Tulpe sein.

Prof. Dr. Annemarie Schimmel,
Zaman, 24. August 2001

İhlas

Reinheit der Absicht

İhlas bezeichnet in der islamischen Ethik die Reinheit der Absicht. Diese äußerst wichtige Tugend zielt darauf ab, sich ohne persönliche Vorteile nur um des Guten willen zu engagieren und so Gottes Wohlwollen zu erhalten. Als solche hat **İhlas** einen hohen Stellenwert in der Hizmet-Philosophie.

Eine Verhaltensweise, die der Reinheit der Absicht zuwiderläuft, ist zum Beispiel Eigennützigkeit. Wer etwas nur deshalb tut, damit andere ihn loben, handelt nicht richtig. Hizmet regt die Menschen dazu an, ihre Reinheit der Absicht ständig zu hinterfragen und selbstkritisch zu sein.

In dieser Welt, vor allem wenn
es um Dienste geht, die das
Jenseits betreffen, ist die Reinheit
der Absicht der wichtigste
Grundsatz, die stärkste Kraft, der
zuverlässigste Fürsprecher,
der beständigste Stützpfeiler,
der kürzeste Weg zur Wahrheit,
das willkommenste Bittgebet
des Herzens, das wundersamste
Mittel zum Zweck, die erhabenste
Tugend und der reinste
Gottesdienst.

Bediüzzaman Said Nursi

İsar Ruhu

Geist des Altruismus

İsar ruhu hat eine ähnliche Bedeutung wie →Diğergamlık und Altruismus. Die Tugend besagt, immer zuerst an andere zu denken, bevor man an sich selbst denkt. Dies gilt sowohl für weltliche, als auch für jenseitige Glückseligkeit. Die Reinform dieser Tugend kann durch folgende Szene verbildlicht werden: Zwei Menschen stehen an der Pforte des Paradieses und lassen sich gegenseitig den Vortritt.

Grundlage dieser Maxime bilden diese Sätze aus dem Koranvers 59:9 „[Sie] missgönnen ihnen nicht in ihren Herzen, was ihnen gegeben worden ist, ja sie geben ihnen sogar den Vorzug vor sich selbst, auch dann, wenn Armut ihr eigenes Los ist."

Der Sufi öffnet seine Hand dem All,
um ungebunden zu verschenken,
jeden Augenblick. Anders als einer, der
auf der Straße um Geld zum Überleben
bettelt, bettelt ein Derwisch darum, dir
sein Leben zu schenken.

Mewlana Djelaleddin Rumi

Işık Evleri

Lichthäuser

In einer Predigt aus den 1960er-Jahren interpretiert Gülen den Koranvers En-Nur 24:36-38 und spricht metaphorisch von **Işık Evleri**, „Häusern des Lichts" und meint damit eine Vorstellung, keinen realen Raum, nämlich alle Orte, an denen Menschen beten, lernen und sich bilden können. Das Licht ist in den abrahamitischen Religionen eng mit dem Gebet und dem Gedenken Gottes verbunden. In der Neuzeit ist in vielen Sprachen Licht als Metapher der Vernunft gängig. Das Zeitalter der Aufklärung wird etwa im Englischen als „enlightenment" und im Französischen als „siècle des Lumières" bezeichnet. Die Idee der Aufklärung war es, durch Vernunft die Wahrheit ans Licht zu bringen und so die Menschheit von Armut und Unterdrückung zu erlösen.

Gülen wollte mit seiner Predigt Menschen dazu motivieren, ihre eigenen vier Wände zu „Lichthäusern" zu machen, in denen Spiritualität, Bildung und Aufklärung einander beflügeln. Wie der Islamgelehrte Said Nursi vor ihm vertritt er die Ansicht, dass der größte Feind einer Gesellschaft Unwissenheit sei. Ihr müsse überall entgegengetreten werden, auch zuhause in den eigenen vier Wänden. Diese wird so zur Stätte gemeinsamen Lernens und gegenseitiger Aufklärung.

Fälschlicherweise wird in deutschsprachigen Medien oft die Bezeichnung „Lichthäuser" für Studierenden-WGs von Hizmet-Engagierten benutzt. Aufgrund fehlenden Hintergrundwissens werden um den lyrisch-metaphorischen Begriff dann Verschwörungserzählungen gesponnen.

Da die Wohngemeinschaften überwiegend von Hizmet-Engagierten bewohnt werden, haben auch ihre BewohnerInnen oft das Ziel, die WG zu einem Ort der Bildung, Aufklärung und Spiritualität zu machen. In diesen Wohnräumen entfaltet sich die Hizmet-Philosophie im privaten Lebensalltag quasi nebenbei.

Der Begriff **Işık Evleri** ist in der Alltagssprache von Hizmet-Engagierten tatsächlich kaum vorhanden und existiert vielmehr als Idee. Die Studierenden-WGs werden in Hizmet meist **→Dershane** genannt.

[Das Licht Gottes findet sich auch] in einigen Häusern, die zu errichten und anzuerkennen Gott zugelassen hat, damit Sein Name dort erwähnt und angerufen werde; in ihnen lobpreisen Ihn am Morgen und am Abend Menschen, die weder Handel noch Tauschgeschäfte (oder irgendwelche anderen weltlichen Beschäftigungen) abhalten können vom Gedenken Gottes und davon, das Gebet entsprechend seinen Vorschriften zu verrichten und die vorgeschriebene reinigende Abgabe für Bedürftige zu zahlen; [...]. Gott wird sie nach dem Besten belohnen, das sie jemals getan haben, und Er wird ihnen sogar noch mehr geben aus Seiner Gnadenfülle; Gott überhäuft mit Seiner Versorgung, wen Er will.

Koran, 24:36-38

İstişare

Beratung

İstişare bedeutet wörtlich „sich beraten, austauschen" und wird in der Hizmet-Bewegung in zwei Kontexten verwendet. Auf institutioneller Ebene versteht man unter **İstişare** eine Sitzung, auf der die Belange des Vereins oder der Institution besprochen werden. Auf individueller Ebene bezeichnet **İstişare** die Tugend, bei Entscheidungen den Rat oder die Meinung anderer, in dem betreffenden Gebiet kompetenter Menschen einzuholen. In Hizmet wird sehr viel Wert darauf gelegt, Entscheidungen gemeinsam zu treffen. Das **İstişare**-Prinzip hat seine Wurzeln in der Tradition des Propheten: Er beratschlagte sich in all seinen Angelegenheiten mit seinen Gefährten.

Im Anschluss einer **İstişare** gilt es als eine Tugend, die Kontroverse aus dem Entscheidungsprozess nicht weiterzuführen und sich nicht über die gemeinsam getroffene Entscheidung zu mokieren. Man respektiert die Entscheidung des Kollektivs.

*Die Pläne werden zunichte,
wo man nicht miteinander berät;
wo aber viele Ratgeber sind,
gelingen sie.*

*Altes Testament.
Sprüche Salomos 15, 22*

Kamp

Zeltlager, Camp

Gülen organisierte 1968 ein Zeltlager in Izmir mit rund 80 Schülern und Studenten. Während der langen, dreimonatigen Sommerferien in der Türkei wollte er den Bewohnern des Schüler- und Studentenwohnheims, dessen Rektor er war, ein kombiniertes Freizeit- und Bildungsangebot machen. Im Zeltlager, das am Waldrand stattfand, sollten die Jugendlichen sich nicht nur in religiösen und weltlichen Wissenschaften bilden, sondern auch ihre sozialen Kompetenzen stärken. Auch für Sport- und Freizeitaktivitäten war gesorgt.

Solche Camps haben sich seither in Hizmet etabliert. Jugendliche und Ältere, Abis und Ablas, sprich alle Hizmet-Engagierten, organisieren mit ihren Sohbetgruppen Freizeitaufenthalte in Ferienhäusern, Jugendherbergen oder Hotels. Das Programm wird je nach Gruppe festgelegt. In der Regel widmet man sich dem Gebet, islamischer Lektüre, Abendveranstaltungen (Vorträge, Filmvorführungen, Diskussionsrunden) und Freizeitaktivitäten in der Natur. Mit der Zeit haben sich auch sogenannte Abiturcamps etabliert. Dort kommen Jugendliche zusammen, die kurz vor ihren Prüfungen stehen. Abis und Ablas (in der Regel LehrerInnen oder ReferendarInnen) unterstützen hier die SchülerInnen bei ihrer Prüfungsvorbereitung.

Freizeitcamps inmitten der Natur

Die Sommerferien in der Türkei sind bis heute ungewöhnlich lang. In dieser dreimonatigen schulfreien Zeit kommen SchülerInnen daher auch oft aus dem Schulrhythmus raus. In den 1960er Jahren kehrten viele SchülerInnen in dieser Zeit in ihre oft ländlichen Heimatorte zurück und halfen dort ihren Familien beim Ackerbau. Gülen hingegen fand es sinnvoller, dass die Bildung ohne Unterbrechung weitergeht.

Freizeit- und Bildungsangebote für Jugendliche wie Zeltlager waren in der Türkei damals nicht verbreitet. Deswegen war die Leitung des Wohnheims, dessen Rektor Gülen war, von dieser Idee nicht überzeugt. Um das Projekt trotzdem zu realisieren, ging Gülen nach Ankara und erzählte seinen Freunden und Bekannten davon in der Hoffnung, finanzielle Unterstützung zu gewinnen. Gülen, der damals selbst ein bescheidenes Gehalt von 400–450 Lira hatte, kehrte mit dem Zehnfachen nach Izmir zurück und ließ damit zwei große Zelte sowie ein kleineres herstellen. Matratzen nahm er aus dem Wohnheim mit. Gülen krempelte selbst die Ärmel hoch, baute unverdrossen Zelte auf und schaufelte Wasserbrunnen und Abfallgruben, auch wenn das Camp durch heftige Sommergüsse und Gewitter weggefegt wurde und erneut aufgebaut werden musste. Solche Zeltlager fanden bis 1980 jedes Jahr statt. Später sorgten Freiwillige aus der Umgebung, die Gülens Idee unterstützten, für das Essen. Beim ersten Zeltlager musste Gülen noch selbst für die Jugendlichen kochen.

„Die Gerichte, die ich kochte, waren nicht sehr vielfältig, aber ein bis zwei Gerichte waren schon in meinem Repertoire. Manchmal vielleicht noch ein Milchreis oder ein anderes Dessert neben dem Hauptgericht. Gekocht wurde mit Holz und Feuer. Nicht selten musste ich ein Seminar unterbrechen, um nach dem Essen zu sehen und Holz nachzulegen", erinnert sich Gülen an die Zeit, die er als beste seines Lebens bezeichnet.

Kaset

Kasette

Kasets sind Audio- oder Videoaufnahmen von Fethullah Gülens Predigten und Gesprächskreisen, den (→Vaaz) und (→Sohbets), aus den 1960er und 1970er Jahren. Die Predigten Gülens zogen damals ein so großes Publikum an, dass viele keinen Platz mehr in der Moschee fanden. Der engagierte Cahit Bey ergriff darum die Initiative und fertigte zunächst Ton- und später Videoaufnahmen an. Die Aufnahmen und ihre unzähligen handgefertigten Kopien ermöglichten es, die Predigt anzuhören, auch wenn man nicht live dabei war. Auch von Tagungen und kleineren Gesprächskreisen (Sohbets) gab es Kassetten. Die wesentliche Verbreitung der Ideen und Werte Gülens fand über diese Aufnahmen statt. Seitdem Fethullah Gülen im Exil in den USA lebt, werden seine regelmäßigen Sohbets weiterhin aufgenommen und nunmehr im Internet veröffentlicht. Für diese hat sich die Bezeichnung (→Bamteli) etabliert, die älteren Aufnahmen werden **Kaset** genannt.

Gülen hat den Mitschnitt seiner Predigten nie selbst gewünscht, hat sie aber auch nicht verhindert. Er wollte jedoch seine Konzentration nicht durch Dinge stören lassen, die er als gekünstelt ansah. Deswegen unterbrach er seine Predigt auch dann nicht, wenn eine Kassette gewechselt werden musste. In vielen Aufnahmen fehlen deswegen die Passagen, die mit dem Moment des Kassettenwechsels zusammenfielen.

„Nach dem Tod von Cahit Bey habe ich mich von der Moscheekanzel verabschiedet"

Alaeddin Kırkan, der mit Cahit Bey zusammen wesentlich an der Anfertigung der Kasets beteiligt war und später den türkischen Fernsehsender „Samanyolu TV" mitgründete, erinnert sich an Cahit Bey voller Bewunderung. Eine Erinnerung, die er nie vergisst:

„Eines Tages kam Cahit Bey zu spät in die Moschee. Es ist kein Platz in der Steckdose, noch hat er eine Dreifachsteckdose in seiner Tasche. Er kam und zog sofort einen Stecker. Stellt sich heraus, das war meiner. Natürlich war ich sehr wütend. 15 Jahre später, wir haben Probleme mit der Inbetriebnahme von Samanyolu TV. Wir können kein klares Bild übertragen. An diesem Tag hatte Hocaefendi uns eingeladen. Er sagte zu mir: ‚Erinnerst du dich, Alaeddin Bey, der verstorbene Cahit Bey kam einmal zu spät in die Moschee, er steckte deinen Stecker aus, du warst an diesem Tag sehr wütend.' Ich antwortete: ‚Ja, ich erinnere mich' und Hocaefendi fuhr fort: ‚Wenn er am Leben wäre, hätte Cahit Bey nichts unversucht gelassen, dieses Problem zu lösen, damit das Bild nicht mehr verschneit ist.' Etwas melancholisch fügte er an: ‚Nach dem Tod von Cahit Bey habe ich mich von der Moscheekanzel verabschiedet.'"

Keyfiyet

Qualität

Keyfiyet bedeutet wörtlich „Qualität" und bildet das Gegenstück zu Kemiyet „Quantität". Als Hizmet-Terminus hat sich **Keyfiyet** für die spirituelle Tiefe einer Person etabliert. Hierbei geht es nämlich nicht um Quantität, also wie viel man für seine Spiritualität tut, sondern um die Qualität, nämlich die persönliche Verbundenheit zum Schöpfer und zu spirituellen Quellen wie religiösen Texten und Gebeten. Spiritualität bildet neben Wissenschaft und Rationalität eine Grundsäule in der Hizmet-Philosophie. Durch **→Kamps** oder **→Sohbets** motivieren sich Menschen in Hizmet gegenseitig, ihre Spiritualität zu vertiefen. Durch die Methode des **→Çetele** evaluieren sich viele in dieser Hinsicht auch selbst.

Wissen ist Wissen zu wissen.
Wissen ist Dich selbst zu wissen.
Wenn Du aber Dich selbst nicht wissest.
Was dann nutzt Dir all das Wissen.

Yunus Emre
(zitiert nach Annemarie Schimmel)

KoordinatorIn

Im Hizmet-Kontext sind **KoordinatorInnen** vergleichbar mit einer GeschäftsführerIn oder Vereinsvorsitzenden. Sie organisieren und koordinieren die Hizmet-Aktivitäten in ihrem Engagement-Bereich auf lokaler, regionaler oder nationaler Ebene. Mit anderen KoordinatorInnen stehen sie im Austausch und bringen die daraus erwachsenden Ideen und Ansätze in ihren eigenen Verantwortungsbereich ein. Informelle Bezeichnungen für **KoordinatorInnen** sind İmam oder Hadim. İmam, was auch die Bezeichnung für den Vorbeter im Gemeinschaftsgebet ist, ist eher religiös konnotiert und geht auf den Ausspruch des Propheten zurück, man solle einen İmam („Leiter") ernennen, wann immer man eine Gruppe bildet. Hadim ist etymologisch mit dem Wort „Hizmet" verwandt, bedeutet so viel wie „Dienender" und geht wiederum auf den Ausspruch des Propheten zurück, das Oberhaupt einer Gesellschaft sei die Person, die ihr dient.

Tatsächlich sind die Dinge, die wir heute am meisten brauchen, Leidenschaft und Begeisterung, die im Rahmen unserer gemeinsamen Werte erwachsen. Auf dieser Basis muss jeder Verantwortung übernehmen, und zwar mit jeder Faser seines Bewusstseins, und entschlossen zur Tat schreiten. Der Dienst für den Glauben und an der gesamten Menschheit ist eine lebenslange Berufung. Darum sollte sich jeder gläubige Mensch hinterfragen: „O Gott, der Sinn meines Seins ist es, Dich zu kennen und Dir aufrichtig zu dienen. Auf diesem Weg ist es meine Pflicht, Teil einer Gruppe zu sein, die den Menschen die Essenz Deiner Botschaft näher bringen, und einen Teil dieser schweren Aufgabe zu schultern."

Fethullah Gülen

Kültür Merkezi

Kulturzentrum

Kültür merkezi sind von Hizmet-Engagierten gegründete Informations- und Kulturzentren. Sie dienen als Versammlungsort für →Sohbets und als religiöse und kulturelle Bildungseinrichtungen. Ihr wöchentliches Programm umfasst unter anderem Kulturangebote wie Ebru („Kunst des Marmorierens"), Musikunterricht oder Kalligraphie, Koran-, Islam- und Katechismusunterricht oder Ethikunterricht für Kinder bis 12 Jahren. Kulturzentren vermitteln entsprechend der Hizmet-Philosophie das zeitgemäße Verständnis eines Islams, der mit Menschenrechten und Demokratie vereinbar ist. Im Fokus stehen universelle Werte wie der Schutz der Menschenwürde, Gleichberechtigung von Mann und Frau, Meinungs- und Religionsfreiheit, Frieden, Solidarität, Toleranz und gesellschaftliche Teilhabe.

Wer in schönen Dingen einen schönen Sinn entdeckt – der hat Kultur.

Oscar Wilde

Maklube

„Kopfüber gedreht"

Maklube bedeutet wörtlich „kopfüber gedreht" und ist eine traditionelle Speise aus der Levante. Es gibt genauso viele Rezepte wie Schreibweisen für dieses Gericht. In der Regel besteht es aus Reis, Fleisch und wahlweise gebratenem Gemüse. Dabei wird das vorher gekochte Fleisch mit dem Reis und dem gebratenen Gemüse in einem Topf zubereitet. Danach wird der Topf „kopfüber" wie ein Kuchen aus der Form auf ein Tablett gestürzt.

In Hizmet hat sich das **Maklube**-Gericht als beliebteste Speise für ein geselliges Zusammenkommen etabliert. Dabei wird, anders als die traditionelle Variante, das Gericht auf einem großen Tablett mit der **Maklube** in der Mitte und abwechselnd Salat und Joghurt drumherum serviert. Man setzt sich dann gemeinsam um das Tablett herum auf den Boden und isst aus der Mitte heraus.

Die **Maklube** dient als ein willkommener Anlass, Menschen zusammenzubringen, und unterstützt die Bildung eines Gemeinschaftsgefühls.

Für alle, die ein Maklube selbst
kochen möchten, gibt es hier
einen leckeren Rezeptvorschlag.

Muavenet

Hilfe, Unterstützung, Beistand

Muavenet ist das türkische Wort für „Unterstützung", „Hilfe", „Beistand". Unter diesem Begriff steht eine transnationale Solidaritätskampagne der Hizmet-Bewegung, die im Spätsommer 2016 gestartet wurde.

Im Jahr 2016 gab es in der Türkei einen Putschversuch. Präsident Erdogan betitelte ihn als „Geschenk Gottes" und nahm ihn zum Anlass, den Staat von kritischen Oppositionellen zu „säubern". Bis heute gab es keine unabhängige Kommission, um zu ermitteln, wer tatsächlich hinter dem Putschversuch steckte. Erdogans Regierung machte die Hizmet-Bewegung zum Sündenbock und erließ im Ausnahmezustand ein Dekret. Infolgedessen wurden Zehntausende von Menschen, die der Bewegung angeblich nahestanden, aus öffentlichen Stellen entlassen.

Die Betroffenen gelten bis heute als gebrandmarkt und haben Schwierigkeiten, eine neue Arbeitsstelle zu finden. Aus Furcht vor Repressalien will niemand das Risiko eingehen, sie einzustellen. Viele sind zur Schwarzarbeit gezwungen, wo sie oftmals auch ausgebeutet werden. Viele derjenigen, gegen die ein Haftbefehl erlassen wurde, sind untergetaucht und verlassen kaum ihre Unterkunft. Familien wurden entzweit, viele Elternteile müssen allein für ihre Kinder sorgen, weil die Partnerin oder der Partner im Gefängnis sitzt.

Um die Not vieler Menschen in der Türkei zu lindern, startete die Hizmet-Bewegung eine transnationale Solidaritätskampagne zur materiellen und immateriellen Unterstützung der von Verfolgung und Diskriminierung Betroffenen. Diese Kampagne wird als **Muavenet** bezeichnet.

Eine Momentaufnahme des Schreckens

Noch am Wochenende des Putschversuchs rollte eine Verhaftungswelle bisher unbekannten Ausmaßes durch die Türkei. In den folgenden Tagen und Wochen wurden tausende Menschen ins Gefängnis gebracht. Die Säuberungswelle trifft (bis heute) LehrerInnen, JournalistInnen, AkademikerInnen und Geschäftsleute. Wer nicht selbst im Visier des Staatsschutzes steht, kennt jemanden. Zehntausende vermeintliche Staatsfeinde machte Erdoğan binnen weniger Stunden aus. Woher die langen Listen mit Namen auch stammen, wann und von wem sie auch vorbereitet wurden, nun arbeitete man sie systematisch ab. Rund 135.000 Beschäftigte des öffentlichen Dienstes wurden binnen weniger Wochen suspendiert. Zwischen Juli 2016 und März 2019 haben sich unfassbare Schreckenszahlen in allen Bereichen angesammelt: 150.348 Menschen wurden aus dem Dienst entlassen, 500.650 polizeilich festgehalten, 96.885 ins Gefängnis gebracht, 3.003 Schulen, Internate und Universitäten geschlossen. 6.021 AkademikerInnen verloren ihre Jobs, 4.463 RichterInnen und StaatsanwältInnen wurden entlassen, 189 Medienunternehmen geschlossen sowie 319 JournalistInnen verhaftet.

Quelle: turkeypurge.com

Muhacir, Ensar

Zugewanderte und Schutzbietende

Das Begriffspaar **Muhacir-Ensar** geht auf die Auswanderung des Propheten Muhammed (Friede und Segen seien mit ihm) und seiner Gefährten aus Mekka nach Medina zurück **→Hicret**. **Muhacir** bezeichnet jene Gefährten, die aus Mekka auswanderten, und **Ensar** diejenigen in Medina, die den **Muhacir** Obdach boten und ihnen halfen, ein neues Leben aufzubauen. Heute gelten oft jene Menschen, die aus politischen Gründen aus der Türkei auswandern mussten, als **Muhacir** und Menschen, die sie im Aufnahmeland empfangen, übernehmen die Rolle der **Ensar**. Sie helfen bei alltäglichen Aufgaben und der Integration in Deutschland. Viele **Muhacir** bezeichnen auch das Asyl gewährende Land als **Ensar**.

„Uns wurde in der Türkei beigebracht, dass die Deutschen böse und fremdenfeindlich seien. Aber während meine Landsleute mich aus meiner Heimat vertrieben haben, haben diese Menschen hier mich mit offenen Armen in ihrem Land empfangen."

Geflüchtete türkische Lehrerin

Müsbet Hareket

Konstruktives Handeln

Bediüzzaman Said Nursi prägte in seinen Werken das Prinzip des **Müsbet Hareket** (bestehend aus *müsbet* „positiv" und *hareket* „Vorgehensweise"). Das Prinzip beschreibt die Tugend, eigene Aufgaben und Arbeiten unbeirrt konstruktiv fortzuführen und destruktive Aktionen sowie reaktionäres oder pathetisches Handeln zu vermeiden. Es bezeichnet eine Handlung, die für jede beteiligte Person von Nutzen ist und durch die niemand einen Schaden erleidet.

In seinem Korankommentar →Risale-i Nur („Abhandlungen des Lichts") weist Nursi darauf hin, wie aufwändig es ist, etwas aufzubauen, wie leicht aber gleichzeitig dieser Aufwand durch eine kleine Unachtsamkeit zunichte gemacht werden kann. Menschen, die sich für ein friedliches Miteinander und eine bessere Zukunft engagieren, dürften sich deswegen nicht von destruktiven Handlungen anderer beirren lassen, sondern sollen unermüdlich ihr Engagement fortsetzen. Frei nach Konfuzius geht es darum, zur Tat zu schreiten und eine Kerze anzuzünden, statt sich über die Dunkelheit zu beklagen. Menschen in Hizmet nehmen sich dieses Prinzip zu Herzen und führen ihr Engagement auch in schwersten Zeiten fort.

Das Prinzip des konstruktiven Handelns sieht jedoch keineswegs vor, über Ungerechtigkeiten, insbesondere Menschenrechtsverletzungen, zu schweigen oder sie in Kauf zu nehmen.

*Liebe Brüder und Schwestern,
es ist unsere Pflicht, konstruktiv,
nicht destruktiv zu handeln,
Unser Handeln dient dem
Wohlwollen Gottes, ohne die
Weisheit Gottes in Frage zu stellen.*

*Unser Engagement möge zum
öffentlichen Frieden beitragen.
Und es ist unsere Aufgabe,
gegenüber allen Mühen geduldig
und dankbar zu sein.*

Bediüzzaman Said Nursi
(Emirdağ Lahikası, 151. Mektup)

Mütevelli

TreuhänderIn, VerwalterIn

Mütevelli bedeutet wörtlich „jemand, der die Verantwortung für etwas übernimmt" und ist die übliche Bezeichnung für den Beirat eines Vereins oder einer Stiftung. Im Hizmet-Kontext ist der Begriff jedoch sehr viel weiter gefasst: Mit **Mütevelli** sind ganz informell all jene gemeint, die sich den Werten und Aktivitäten von Hizmet verpflichtet fühlen und sie materiell sowie immateriell unterstützen. Sie bilden das Rückgrat von Hizmet und stehen den EntscheidungsträgerInnen beratend zur Seite. Sie unterstützen die Vereine bei der Vergabe von Stipendien an SchülerInnen oder Studierende, organisieren karitative Projekte und unterstützen die Bildungs- und Dialogarbeit von Hizmet. Sowohl Frauen als auch Männer sind als **Mütevelli** aktiv und treten zumeist aus den **→Sohbet** hervor.

Mittlerweile geht man in Deutschland mehr und mehr dazu über, die **Mütevelli** auch formell einzubeziehen, etwa als Aufsichtsräte von Vereinen und Stiftungen – und kommt damit der gängigen Begriffsverwendung wieder näher.

HIZMET VON *A-Z*

Die Weise, wie man gibt,
gilt mehr als was man gibt.
Pierre Corneille

Nasih

RatgeberIn, WissensvermittlerIn

Nasih ist das Nomen Agentis des arabischen Wortes „Nasihat", was so viel bedeutet wie „Ratschlag", „Empfehlung" oder „Hinweis". Wörtlich ist ein **Nasih** demnach eine Person, die Ratschläge erteilt oder Empfehlungen ausspricht. Ausgehend vom Ausspruch des Propheten „Nasihat ist die Hälfte der Religion" sind **Nasih** auch solche Menschen, die an die religiösen Prinzipien und Richtlinien erinnern und zu ihrer Einhaltung motivieren.

Im Hizmet-Kontext werden all jene als **Nasih** bezeichnet, die seit langer Zeit in Hizmet engagiert sind und ihre Expertise in den Bereichen Mentoring, Dialog oder Religion in Gesprächskreisen, Workshops und Seminaren weitergeben. Sie sind überregional aktiv.

Der ist ein guter Prediger, der seine eigenen Ermahnungen befolgt: Ich kann leichter zwanzig lehren, was gut zu tun ist, als einer von den zwanzig sein.

William Shakespeare

Nöbetçi, Nöbetçilik

Schicht, Turnus

Nöbet bedeutet wörtlich „Schicht, Turnus".
Nöbetçilik bezeichnet demnach das Prinzip der turnusmäßigen Arbeitsteilung.

In den Studierenden-WGs hat es sich etabliert, dass an jedem Wochentag eine Person für die anderen kocht. Diese Person wird **Nöbetçi** oder auch humoristisch eingedeutscht „Nöbethianer" genannt. Sie ist dabei sowohl für das Essen wie für den Abwasch verantwortlich. Das gleiche System wird auch fürs Putzen und den Einkauf angewandt.

Der Vorteil dieser paritätischen Aufteilung liegt auf der Hand: Man muss nur an einem Tag der Woche kochen und kann trotzdem jeden Abend in geselliger Runde frisch Zubereitetes essen.

Nöbetçi des Monats

Nudeln in 100 Variationen

Olimpiyat

Olympiade

Als **Olimpiyat** (türkisch für „Olympiade") wird in Hizmet umgangssprachlich das IFLC – International Festival of Language and Culture (Internationales Sprach- und Kultur-Festival) bezeichnet. Bei diesem Festival kommen jedes Jahr Kinder und Jugendliche im Alter von 12 bis 16 Jahren aus unterschiedlichen Ländern und Kulturen zusammen. Sie tragen Lieder und Gedichte aus verschiedenen Kulturen vor und führen kleine Sketches, Theaterstücke oder Tanzdarbietungen auf.

Das jährlich stattfindende Event entwickelte sich ursprünglich aus einem – vom Sprachverlag Dilset Yayınları organisierten – Türkisch-Wettbewerb, bei dem SchülerInnen, die Türkisch als Fremdsprache lernten, gegeneinander antraten. Nachdem Menschen in Hizmet auch Schulen in turksprachigen Ländern eröffnet hatten und dort Türkisch als Wahlfach anboten, kamen auch SchülerInnen aus diesen Ländern zum Wettbewerb, der fortan den Namen Uluslararası **Türkçe Olimpiyatları** (Internationale Türkisch-Olympiade) trug. Mit der Zeit nahmen SchülerInnen aus immer mehr Ländern und Kulturen teil und das Konzept wurde mehr und mehr erweitert. 2012 wurde das Event zu International Festival of Language and Culture umbenannt und unter das Motto „Farben der Welt" gestellt, um den pluralistischen Charakter des Wettbewerbs besser widerzuspiegeln.

Zweck des IFLC ist es, Menschen aus verschiedenen Ländern und Kulturen zusammenzubringen, Austausch zu ermöglichen und so einen Beitrag für ein globales friedliches Miteinander zu leisten.

Die vielfältigen Kulturen und einzigartigen Geschichten unserer globalen Gesellschaft werden durch faszinierenden Tanz und fesselnde Darbietungen zum Leben erweckt. Indem sie Traditionen vorführen, die euer Erbe besonders machen, beweisen solche Festivals, wie aus Liedern der Inklusion Hoffnung und Schönheit erwachsen. Eure Bemühungen, junge Menschen aus der ganzen Welt zusammenzubringen, spiegeln die Kraft wider, mit der unser gemeinsames Menschsein überwindet, was uns trennt.

Barack Obama

Rehber, Rehberlik

MentorIn, Mentoring

Das Wort **Rehber** stammt aus dem Persischen und kann wörtlich mit „WegweiserIn", im heutigen Kontext passender mit „MentorIn" übersetzt werden. **Rehberlik** nennt sich entsprechend das Mentoring-Engagement in Hizmet.

Gemäß dem Motto „Die Zukunft liegt in den Händen der Kinder, und die Zukunft der Kinder liegt in unseren Händen" hat in der Hizmet-Bewegung Jugendarbeit und Bildung einen großen Wert. Dabei gilt es als wichtig, nicht nur Hilfestellung in schulischen und beruflichen Entscheidungen zu geben, sondern auch universelle Werte zu vermitteln. Denn nur eine Gesellschaft, die auf Werten wie Toleranz, Dialog, Pluralismus und Nächstenliebe beruht, kann eine friedlichere und lebenswerte Zukunft ermöglichen. MentorInnen fungieren hierbei als *role models*. **Rehberlik** bildet ein wichtiges Fundament der Hizmet-Bewegung, um ihre universellen Werte von Generation zu Generation weiterzureichen. Mit dem nötigen Freiraum zur individuellen Verwirklichung lernen die Jugendlichen dabei, soziale Verantwortung zu übernehmen. Vom **Rehberlik** profitieren nicht nur die Mentees, sondern auch die MentorInnen, die sich durch ihr Engagement und in der Begegnung mit Jüngeren neu erleben und persönlich weiterentwickeln können.

In den lokalen Hizmet-Vereinen, aber auch in den Dachverbänden bestehen spezielle Plattformen, die ein ganzheitliches Angebot für Jugendliche bereitstellen. →Sohbets und →Kamps fördern die religiöse und säkulare Bildung. Verschiedene Freizeitaktivitäten wie Sportturniere, Lesewettbewerbe oder kulturelle Reisen →Gezi werden ebenso angeboten wie (informelle) Kurse für Abiturienten und Workshops für Studierende. Die Jugendlichen sollen insbesondere bei ihrer schulischen Laufbahn unterstützt werden.

Ein wichtiger Aspekt des Mentoring ist auch die Extremismusprävention. Insbesondere in Einrichtungen, die im Bereich der religiösen Bildung aktiv sind, wird daher Wert darauf gelegt, ein zeitgemäßes Islamverständnis zu vermitteln und die Reflexion des Glaubens zu ermöglichen.

Die Jugend ist uneigennützig im Denken und Fühlen und denkt und fühlt deshalb die Wahrheit am tiefsten und geizt nicht, wo es gilt eine kühne Teilnahme an Bekenntnis und Tat.
Heinrich Heine

Risale

Risale-i Nur Külliyatı
Abhandlungen des Lichts

Risale-i Nur (deutsch „Abhandlungen des Lichts") kurz: **Risale**, nennt sich ein Korankommentar, der 14 Bände mit über 6.500 Seiten umfasst. Er ist das Magnum Opus des Gelehrten Bediüzzaman Said Nursi →Üstad aus dem frühen 20. Jahrhundert und behandelt verschiedene islamische Glaubensgrundsätze. Die **Risale-i Nur** beinhalten zum Beispiel Abhandlungen zum Glauben an Gott und an das Jenseits, Gottesdienst und Ethik, aber auch Themen wie den interreligiösen Dialog und die Bedeutung von Bildung.

Die Besonderheit der **Risale-i Nur** ist es, dass sie eine Synthese herstellen zwischen dem Rationalismus und Positivismus der modernen Wissenschaft und dem Glauben an Gott. Die Werke legen die Glaubensgrundsätze durch Beispiele und Parabeln dem Verstand nahe und betonen, dass der Mensch ein „zweiflügeliges" Wesen ist: Einer seiner Flügel ist die Spiritualität, die ihn mit Gott verbindet, während der andere Flügel seine Rationalität ist, die ihn die materielle Welt begreifen lässt. Nur durch beide Flügel kann die Essenz dieser Welt und der Ereignisse verstanden werden.

Gülen, der schon sehr früh die **Risale-i Nur** kennenlernte, etablierte sie als Grundlagenwerke in Hizmet. Die Ideen und Prinzipien der **Risale-i Nur** lassen sich sowohl in den Predigten Gülens, als auch in den →Sohbets der Hizmet-Engagierten wiederfinden.

Die **Risale-i Nur** wurden in verschiedene Sprachen übersetzt, auch ins Deutsche. Ein Autorenteam um den Religionsphilosophen Maximilian Friedler arbeitet an einer kommentierten Fassung der Werke, die im Define Verlag in Berlin erschienen sind.

In den Risale-i Nur steht nie das Wie im Mittelpunkt der Betrachtung, sondern immer das Warum. Oder mit anderen Worten: Es geht stets darum, die Weisheit und den Sinn und Zweck der Pfeiler des Glaubens und Säulen des Islams herauszuarbeiten, und das mit rationalen Argumenten, die sich dem Verstand erschließen. Wer in den Risale-i Nur katechetische Informationen der Gottesdienste und deren formelle Gültigkeit bzw. Ungültigkeit sucht, wird enttäuscht werden. Wer hingegen erfahren möchte, woher man weiß, ob es überhaupt einen Gott gibt und welche Attribute er besitzen soll, darf sich auf eine höchst anregende Lektüre freuen.

Maximilian Friedler,
Kleine Briefe

Şakirt

SchülerIn, Lehrling

Das Wort **Şakirt** stammt aus dem Persischen und bedeutet „SchülerIn" oder „Lehrling". Der islamische Gelehrte Bediüzzaman Said Nursi (**→Üstad**) verwendet diesen Begriff, um auszudrücken, dass jeder Mensch lebenslang ein Lernender ist. Er spricht vor allem von *Kuran şakirtleri*, also den SchülerInnen des Korans, die in seiner Vorstellung sowohl moderne Wissenschaften als auch die Glaubensgrundsätze studieren und somit eine Symbiose zwischen beidem herstellen können (siehe auch **→Altın Nesil**). **Şakirt** hat sich außerdem bei Menschen in Hizmet als lobende Bezeichnung für junge Menschen etabliert, die sich in Hizmet engagieren.

Wir Muslime, die SchülerInnen des Korans sind, fügen uns Beweisen; wir nehmen die Glaubensgrundsätze mit unserer Vernunft, unserem Verstand und Herzen an.

Bediüzzaman Said Nursi

Sohbet

Gespräch

Den Nukleus eines jeden Engagements in Hizmet bildet das Sohbet. Die beste Übersetzung für **Sohbet** ist „Gesprächskreis". Das türkische Wort ist aus dem arabischen Stamm s-h-b gebildet, das die Bedeutungsebenen „Freundschaft schließen", „mit Freunden Zeit verbringen" und „in Gesellschaft von Freunden sein" umfasst. Insofern spielen Freundschaft und das Beieinandersein auch in den Gesprächskreisen der Hizmet-Bewegung eine große Rolle.

Sohbets und damit das lebenslange religiöse Lernen kommen aus der prophetischen Tradition und sind fest in der islamischen Geschichte verankert. Zugrunde liegt die Überzeugung, dass das gute Potenzial im Menschen entwickelt und geschult werden muss. **Sohbets** sind in diesem Kontext ein Ort der gemeinsam gelebten Spiritualität.

Sohbet-Gruppen bestehen in Hizmet in verschiedenen Konstellationen und sind meist nach Altersgruppe oder Tätigkeitsfeldern organisiert.

Die Himmel beneiden die Erde darum, weil auf dem Erdboden – mit reiner Absicht, nur um Gottes Wohlwollen zu erlangen – ein-zwei Menschen für ein-zwei Minuten zusammensitzen zum Sohbet, zur Besinnung auf Gott und zur Kontemplation, sich gegenseitig die schönen Zeichen der Barmherzigkeit des majestätischen Künstlers [Gott] und die weisheitsvollen, geschmückten Werke seiner Kunstfertigkeit zeigen, damit Ihn lieben und beliebt machen und über Ihn reflektieren und zur Reflektion anregen.

Üstad Bediüzzaman Said Nursi

Talebe

SchülerIn

Das Wort **Talebe** stammt ursprünglich aus dem Arabischen und bedeutet SchülerIn oder StudentIn. Es ist aus dem Wortstamm t-l-b gebildet, dessen Grundbedeutung „etwas anstreben" ist. **Talebe** ist demnach eine Person, die nach Wissen strebt.

Auch wenn in Hizmet im weiteren Sinne jeder Mensch ein **Talebe** ist, der sein Leben lang nach Wissen strebt, sind im engeren Sinn mit **Talebe** Jugendliche gemeint, die am Mentoring-Programm →Rehberlik teilnehmen, also die Mentees.

Des Weiteren genießen SchülerInnen und StudentInnen im muslimischen Kontext einen besonderen Stellenwert. Sie finanziell und ideell zu fördern, wird als Gottesdienst erachtet. In einem Ausspruch des Propheten Muhammed (Friede und Segen seien mit ihm) heißt es sinngemäß: Gott garantiert den Lebensunterhalt derer, die nach Bildung und Wissen streben.

Wenn wir die Menschen nur nehmen, wie sie sind, so machen wir sie schlechter. Wenn wir sie behandeln, als wären sie, was sie sein sollten, so bringen wir sie dahin, wohin sie zu bringen sind.

Johann Wolfgang von Goethe

Tayin

Ernennung

Tayin bezeichnet im Türkischen die Wahl bzw. Ernennung von AmtsträgerInnen. Im Hizmet-Kontext versteht man unter **Tayin** ein Rotationsverfahren, in dem Hizmet-Engagierte ihre Position oder ihren Arbeitsort freiwillig wechseln. In einer Art Headhunting-Verfahren werden für neu zu besetzende Verantwortungsbereiche passende Engagierte aus anderen Ortschaften gesucht. Hier kommt auch der Aspekt des **→Hicret** zum Tragen, das die Engagierten zu einem Ortswechsel motivieren soll. **Tayin** soll auch gewährleisten, dass sie stets neue Erfahrungen sammeln können. Umgekehrt kann dadurch sichergestellt werden, dass die Expertise der Menschen an vielen verschiedenen Orten zum Einsatz kommt und keine monotonen Entscheidungsabläufe entstehen.

Man sieht die Blumen welken und die Blätter fallen, aber man sieht auch Früchte reifen und neue Knospen keimen. Das Leben gehört den Lebendigen an, und wer lebt, muss auf Wechsel gefasst sein.

Johann Wolfgang von Goethe

Tedbir

Vorkehrung, Vorsicht

Menschen in Hizmet vertrauen auf einen Gott, der die Dinge nach Regeln und Gesetzmäßigkeiten erschafft. Diese einzuhalten, nennt sich **Tedbir**, deutsch „Vorkehrung" oder „Vorsicht". Gläubige Menschen neigen manchmal dazu, auf Gott zu vertrauen, dabei aber die Voraussetzungen zum Erfolg zu vernachlässigen.

Die **Tedbir**-Tugend soll hier ein Gleichgewicht herstellen und den Menschen daran erinnern, dass das Vertrauen auf Gott auch die Einhaltung der von Gott geschaffenen Gesetzmäßigkeiten beinhaltet.

Ein Hadith besagt: „Vertraue auf Gott, aber binde zuerst dein Kamel an". In diesem Sinne bedeutet **Tedbir**, Vorkehrungen zu treffen, damit eine Sache erfolgreich wird. Wenn man beispielsweise eine Klausur mit Erfolg bestehen möchte, so muss man dafür lernen und gut ausgeschlafen sein. **Tedbir** beinhaltet auch die Vorsicht gegenüber Vorurteilen: Man sollte Menschen nicht mit Sachen verschrecken, die sie falsch verstehen könnten.

Um durch die Welt zu kommen, ist es zweckmäßig, einen großen Vorrat von Vorsicht und Nachsicht mitzunehmen: durch Erstere wird man vor Schaden und Verlust, durch Letztere vor Streit und Händel geschützt.

Arthur Schopenhauer

Tesbihat

Lobpreisungen, Gebete

Tesbihat sind islamische Bittgebete, die Gott lobpreisen. Ähnlich einem Rosenkranzgebet oder einem Mantra aus fernöstlichen Religionen bestehen sie aus leicht einprägsamen Sprüchen und Gebetsformeln, die stetig wiederholt werden. In Hizmet versteht man darunter eine vom islamischen Gelehrten Bediüzzaman Said Nursi →Üstad zusammengestellte Auswahl von Bittgebeten. Dazu gehören das islamische Glaubensbekenntnis, Friedens- und Segenswünsche für den Propheten Muhammed (Friede und Segen seien mit ihm) und die Anrufung von Gottes verschiedenen Namen. Bediüzzaman empfiehlt, diese Lobpreisungen jeweils nach dem fünfmal-täglichen Hauptgebet zu lesen. Menschen in Hizmet rezitieren sie auch gerne gemeinsam im melodischen Chorgesang.

Es gibt keine Gottheit außer Gott, Er ist der Eine, der keine Partner hat. Ihm gehört die Herrschaft und gebührt aller Lobpreis. Er schenkt Leben und lässt sterben. Alles Gute liegt in Seiner Hand. Er besitzt Macht über alle Dinge. Und zu Ihm kehren wir einst zurück.

Auszug aus dem Tesbihat

Tevafuk

Fügung

Das Wort **Tevafuk** stammt ursprünglich aus dem Arabischen und bedeutet Einklang oder Fügung. Es ist aus dem Wortstamm w-f-q gebildet, der die Bedeutungsebenen „aufeinander abgestimmt sein" sowie „passen, zusammenpassen" und „übereinstimmen" umfasst. Im weiteren Sinne kann das Wort **Tevafuk** als Gegenkonzept zum Zufall/des Zufälligen gesehen werden. Aus der islamisch-mystischen Perspektive ist alles **Tevafuk**, was auf anmutiger und fein kalibrierter Weise zueinander passt und in Beziehung steht: Muslime drücken damit ein gottgewolltes Verständnis eines Phänomens aus, das allen Ereignissen und Dingen zugrunde liegt. Allem liegt die Existenz einer Ordnung zugrunde – im Universum gibt es laut diesem Ansatz keinen Platz für Zufälle.

Im Sprachrepertoire von Hizmet-Engagierten ist **Tevafuk** fest verankert. Angefangen von Trivialitäten wie der verspäteten Bahn („Ich habe meinen Anschlusszug verpasst und beim Warten einen alten Bekannten getroffen") bis hin zu „großen" Lebensentscheidungen werden alle Vorfälle des Alltags, die sich dem unmittelbaren Entscheidungswillen des Einzelnen entziehen, als Fügung wahrgenommen.

Als Ausdruck dieser positiven Betrachtungsweise hat sich im Alltag die Floskel „vardır bir hayır" („es wird schon seinen Sinn / etwas Gutes haben") etabliert.

Keine Heimsuchung findet auf Erden statt oder bei euch selbst, ohne dass es vorher in einem Buch verzeichnet ist, ehe es geschieht - das zu tun, ist wahrlich leicht für Gott - damit ihr nicht traurig seid über das, was euch entgangen ist, und auch nicht allzu sehr frohlockt über das, was Gott euch gewährt hat. Gott liebt nicht diejenigen, die stolz sind und prahlen.

Koran, 57:22-24

Üstad

Bediüzzaman Said Nursi

Bediüzzaman Said Nursi (1876–1960) war ein kurdischstämmiger islamischer Gelehrter, der in der Region der heutigen Türkei aktiv war. Er durchlebte eine turbulente Zeit der modernen Geschichte, den Übergang von der absoluten zur konstitutionellen Monarchie, die Gründung von Nationalstaaten sowie die beiden Weltkriege.

Gülen zollt in seinen Schriften Bediüzzaman Said Nursi größten Respekt und bezeichnet ihn als seinen **Üstad** (Lehrmeister), obwohl sie sich nie persönlich begegnet sind.

Nursi teilte sein eigenes Leben in drei Perioden ein und sprach vom „Alten Said", „Neuen Said" und „Dritten Said". In der Periode des „Alten Said" war er gesellschaftlich und politisch aktiv, bekleidete aber kein Amt im Staat. In dieser Zeit unterstützte er eine Bewegung, die sich für ein Parlament unter einer konstitutionellen Monarchie und gegen den Absolutismus des Monarchen einsetzte. Seine Reden und Schriften aus dieser Epoche sind ein steter Appell für die Freiheit und fordern die „Herrschaft des Volkes". Für seine Überzeugungen musste er sich mehrmals vor dem Militärgericht behaupten.

Im Jahre 1923 wurde Nursi von den Gründern der neuen Republik eingeladen, im Parlament eine Rede zu halten. Doch deren fehlendes Bewusstsein für Glaubensfragen empfand er als enttäuschend. Daraus zog er die Schlussfolgerung, dass es notwendig sei, die Grundlagen des Glaubens durch Annäherung an den Verstand und die modernen Wissenschaften zugänglich zu machen. So widmet er sich in seiner Lebensphase des „Neuen Said" noch intensiver der Askese und der Verschriftlichung von Abhandlungen über ebenjene Glaubensgrundsätze des Islams (siehe auch →Risale-i Nur). Trotz seines Lebens in Zurückgezogenheit und seiner regelrecht apolitischen Haltung wurde er immer wieder bezichtigt, den Staat unterwandern zu wollen, und von Exil zu Exil geschickt.

Im Spätherbst seines Lebens, als sein Werk Risale-i Nur fast vollendet war, öffnete sich Said Nursi erneut dem öffentlichen Leben. Er interessierte sich wieder mehr für politische Themen und sprach Empfehlungen für die gesellschaftliche Aussöhnung der verschiedenen Ethnien Anatoliens aus. Außerdem lobte er die zunehmende Demokratisierung der Gesellschaft. Er verstärkte den interreligiösen Dialog und trat in Kontakt mit wichtigen Persönlichkeiten des Christentums wie dem damaligen Papst Pius XII. und dem Patriarchen von Konstantinopel Athinagoras.

Bis heute genießt Said Nursi bei vielen Menschen den Status eines prägenden Lehrmeisters. Insbesondere neue Übersetzungen seiner Werke und die damit verbundene Tiefenanalyse seines Wirkens spielen für Hizmet-Engagierte eine wichtige Rolle. Für sie stellen die Texte Nursis eine immerwährende Quelle spiritueller und zivilgesellschaftlicher Inspiration dar. Seine Haltung zur Politik, zum Dialog und zur Selbstreflexion sind nach wie vor wegweisend für die Hizmet-Philosophie.

Uhuvvet

Geschwisterlichkeit, Zusammenhalt

Unter **Uhuvvet** versteht man ein solidarisches Verhaltensprinzip, das Zwietracht und Streit vermeiden soll. Es gründet nicht auf Verwandtschaft, sondern auf dem freiwilligen Zusammenschluss von Personen und legt den Fokus auf die positiven Eigenschaften der Menschen. Geschwisterlichkeit kann auf verschiedenen Ebenen hergestellt werden, etwa im Menschsein, im Glauben an den Einen Gott, im Islam oder in Hizmet. Die Grundlage hierzu bildet Selbstlosigkeit und Altruismus (siehe auch →**İsar ruhu**).

Gut sein und ein gutes Leben führen, bedeutet, anderen mehr zu geben, als man von ihnen nimmt.

Leo Tolstoi

Vaaz

Predigt

Vaaz ist das türkische Wort für Predigt und
ist aus dem arabischen Verb für „warnen,
das Gute und religiös Gebotene predigen"
gebildet. In der Türkei werden manche Imame
vom Präsidium für Religionsangelegenheiten
damit beauftragt, wöchentlich verschiedene
Moscheen zu besuchen und über bestimmte
religiöse Themen zu predigen. Auch Gülen
wurde während seiner Zeit als Vorbeter zum
Prediger berufen. Seine Predigten folgten
einem von Gülen festgelegten Curriculum und
behandelten die Glaubensgrundsätze, die
Säulen des Islams, säkulare und spirituelle
Bildung, Moral sowie die gute Ethik. Diese
Predigten wurden zunächst auf Ton- und
später auch auf Videokassetten aufgezeichnet
(siehe auch **→Kaset**) und werden bis
heute von Menschen in Hizmet gehört. Die
bekanntesten unter ihnen wurden nach den
Moscheen benannt, in denen sie abgehalten
wurden, oder gemäß der Thematik, die sie
schwerpunktmäßig behandeln.

Man sagt, du verkündest Gottes Wort, doch ich höre nur von Gut und Böse – nichts von Liebe oder Wahrheit.

Mewlana Djelaleddin Rumi

Yatılı

Übernachtung, Freizeit

Als **Yatılı** werden Freizeitveranstaltungen der Jugendarbeit bezeichnet, die ein Übernachtungsangebot beinhalten. Ähnlich wie **→Kamps**, aber in einem kleineren Format, bieten solche Veranstaltungen neben Lern- und Leseaktivitäten auch gemeinsames Spielen oder Kochen. Damit sollen den Jugendlichen alltagsrelevante Softskills vermittelt, aber auch die Möglichkeit geboten werden, außerhalb ihres elterlichen Hauses Verantwortung zu übernehmen, neue Erfahrungen zu sammeln und für kurze Zeit aus dem alltäglichen Hamsterrad herauszutreten.

Es gibt nichts auf der Welt, das einen Menschen so sehr befähigt, äußere Schwierigkeiten oder innere Beschwerden zu überwinden, als das Bewusstsein, eine Aufgabe im Leben zu haben.

Viktor Frankl

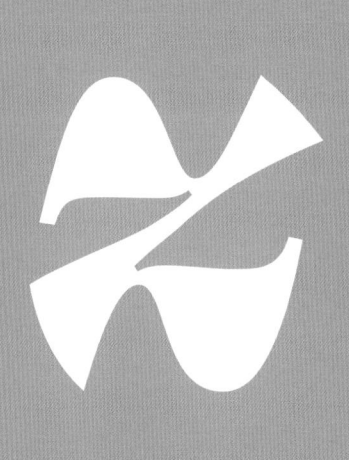

Ziyaret, Ziyafet, Zarafet

Die drei Zetts

Diese Begriffsreihe stellt eine Art Merksatz für die Grundlage zwischenmenschlicher Beziehungen dar. Sie wurde in Hizmet vor allem durch den beliebten und früh verstorbenen Engagierten Halil Şimşek geprägt, der diese Begriffe, die er als „Üç Z" („die drei Zetts") bezeichnete, in seinen Vorträgen und Seminaren in Deutschland behandelte.

Ziyaret, zu Deutsch „Besuch", ist das gegenseitige Besuchen als Fundament für Freundschaft, Zuneigung und Güte. Menschen, die uns besuchen, vor allem in schwierigen Zeiten, vergessen wir nicht. Als solches ist **Ziyaret** ein effektiver Weg, neue Beziehungen zu knüpfen und zu festigen.

Ziyafet, wörtlich „Festmahl", ist eine Hyperbel und unterstreicht die Wichtigkeit, Freunde, Verwandte und Bekannte zum Essen einzuladen und ihnen ein „Festmahl" bereitzustellen. Liebe geht bekanntlich durch den Magen und so werden auch Freundschaften gefestigt, wenn man gemeinsam am Esstisch sitzt.

Zarafet beschreibt einen Charakter, der sich durch emotionale Intelligenz, Taktgefühl, Aufmerksamkeit und Einfühlungsvermögen auszeichnet. Eines der wichtigsten Eigenschaften eines solchen Charakters ist es, andere Menschen nicht zu kränken und selbst nicht gekränkt zu sein. Denn ein Mensch, der **Zarafet** zu seiner Natur gemacht hat, begegnet jedem mit Toleranz und Liebe und ist sich seiner eigenen Makel bewusst. In gewisser Hinsicht gehören **Ziyaret** und **Ziyafet** zum Grundrepertoire eines Menschen mit **Zarafet**. Mit ihnen gewinnt er die Herzen der Menschen in seinem Umfeld.

Gottes Wege sind wunderbar,
auch die zu den Herzen der
Menschen!
Louise von François

Impressum

Herausgeber
Stiftung Dialog und Bildung

Autoren:
Ahmet Daşkın
Talha Güzel

Design & Satz:
Caner U.

Illustrationen:
Kollektiv @EmpathyArt
Künstlerin Ay
Mehmet Alp

Kontakt
Behrenstr. 29
10117 Berlin

E-Mail: kontakt@sdub.de
Tel : 030 - 206 21 400

www.sdub.de
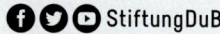 StiftungDuB

**STIFTUNG
DIALOG UND
BILDUNG**

© Stiftung Dialog und Bildung
Berlin, November 2022

Main Donau Verlag
Wilhelmstraße 26-30
Haus 24, 13593 Berlin

Wir danken den Stiftern der Stiftung Dialog und
Bildung für die freundliche Unterstützung.